PLANTAS
QUE CURAN
TOMO II

ACLARACIÓN.- De ninguna manera pretende esta recopilación de plantas medicinales ser un recetario para usarse en casos de enfermedades o prevenciones.

Mis pretensiones son menores, solo intento despertar el interés en el conocimiento de las propiedades de algunas plantas, bien conocidas unas, no tan conocidas otras, pero de todas podremos beneficiarnos más si más las conocemos.

Ojalá que estas notan despierten la inquietud, y si le interesa alguna planta en especial, le recomiendo estudiar un poco más sobre ella antes de usarla como remedio. De algunas de las que aquí presento algo se han escrito tratados completos.

ÍNDICE

JENGIBRE

El Jengibre es una planta originaria del oriente, de las zonas tropicales de Asia e India, pero en la Edad Media corrieron fuertes rumores de que esta planta provenía directamente del jardín del Edén. Tales eran las virtudes que le atribuían.

Actualmente existen diversas especies de jengibre y se cultiva en todo el mundo en las zonas tropicales. Perú es uno de los grandes productores.

Muy apreciado desde hace miles de años por sus propiedades aromáticas, culinarias y medicinales. Tanto en la India como en China ha sido parte importante en la dieta.

Los griegos antiguos apreciaban tanto al jengibre que lo mezclaban en el pan, creando el primer pan de especias.

Los romanos lo importaron de China y para mediados del siglo XVI, Europa importaba 2,000 toneladas al año de esa preciada especia que, hasta nuestros días, sigue siendo una de las más propagadas en el mundo.

Beneficios del Jengibre.- El jengibre tiene un aroma muy característico que la mayoría de la gente reconoce de inmediato. Sus propiedades curativas son muchas, todos deberíamos usarlo. La mejor forma es en un sabroso té, que sirve para aliviar muchos problemas de salud.

El té de jengibre es recomendado para cuando a uno le está empezando un resfriado pues calienta a uno por dentro y lo hace sudar. Por eso mismo, es bueno incluso sin el resfrío, sólo para calentarse.

El té de jengibre se prepara poniendo 20 o 40 gramos de rebanadas de jengibre fresco en una taza de agua hirviendo. Se puede complementar el té con miel, limón y naranja que, aparte de que pueden mejorar sus propiedades curativas, le dan mejor sabor

El jengibre es muy bueno para el sistema digestivo. Estimula las funciones estomacales y contribuye en los tratamientos contra la dispepsia, digestión laboriosa.

Porque estimula los procesos intestinales es útil en los tratamientos contra las flatulencias, las nauseas y los cólicos abdominales, también estimula las glándulas salivares, despertando el apetito.

Hacer gárgaras y baños bucales con té o un cocimiento de jengibre ayuda a complementar el aseo dental.

Té para disminuir la fiebre y acabar con las flemas: Pon 2 cucharadas de raíz rallada y fresca de jengibre a 2 tazas de agua hirviendo, se deja reposar lejos del fuego por una media hora. Esta infusión se bebe tibia cada dos horas y media.

Cataplasmas de jengibre en el pecho son muy buenas para combatir los resfriados, catarros y otras afecciones de las vías respiratorias. Es buen expectorante el jengibre.

Los cataplasmas de jengibre también se aconsejan para aliviar los dolores del reumatismo, así como los dolores de cabeza o las migrañas. Aplica el cataplasma sobre las sienes y poco a poco sentirás cómo la presión disminuye.

Para las nauseas ocasionadas por el embarazo o malestar al despertar: Prepara un té con una cucharada de raíz fresca de jengibre rallado en una taza de agua. Se debe de tomar en pequeñas cantidades o por sorbos a lo largo del día.

También es un regulador del flujo menstrual. Es preciso evitar tomar más de tres tazas diarias.

El cocimiento de jengibre ayuda a la circulación, el corazón y la purificación de la sangre disminuyendo los niveles de colesterol.

Aceite esencial para la artritis: Mezcla 20 gotas del aceite de oliva con 5 gotas de esencia de jengibre, aplica dando un masaje a la zona afectada.

Otros beneficios.- Frotado sobre la piel, puede estimular la circulación. • Es útil, en cataplasmas, para aliviar las quemaduras. • Regula el metabolismo • Quita mareos • Disminuye el dolor en las articulaciones • Ayuda contra el asma • Ayuda en el tratamiento de las cataratas • Ayuda contra enfermedades del corazón, migrañas, accidentes cardiovasculares, depresión, infertilidad, cálculos renales, angina de pecho y pie de atleta, entre muchos otros casos.

Muchos remedios caseros para aprovechar las propiedades del jengibre son bien populares entre las abuelas *¡y son buenos! Aprovéchalos.*

MIEL DE JENGIBRE...

Otra miel que puedes preparar fácilmente es la miel de Jengibre.

La mezcla de miel y jengibre actúa como un poderoso expectorante natural, proporciona gran alivio para la tos, dolor de garganta y catarro.

Los cristales obtenidos de la combinación de miel y jengibre se utilizan a modo preventivo en las culturas orientales, consumiéndose a los primeros síntomas de gripe o resfriado, ya que estimulan el sistema inmunológico y proporcionan una dosis importante de vitamina C.

Para preparar la miel de jengibre, se lava y se pela la raíz de jengibre, se coloca en trozos en un frasco de vidrio se le añade la miel igual que la miel de ajo... se deja macerar un mínimo de 4 horas, cuando la miel se vuelva bastante líquida se cuela y se guarda en el refrigerador, dura por lo menos 2 semanas en buen estado... Si quieres experimentar, puedes añadirle unas rodajas de limón cuando prepares esta miel, se llevan muy bien el jengibre y el limón y se acentúan los beneficios.

Esta miel sirve para aliviar inmediatamente las molestias digestivas por el mucho comer o cuando se dan los calambres abdominales, además de ayudar a en la digestión de los alimentos.

Aumenta la circulación, relajando los músculos y los vasos sanguíneos de áreas afectadas.

Los dulces de jengibre y miel, son buenos para los viajeros, contra la sensación de mareos causada por el viaje, es una forma natural de reducir los síntomas de la enfermedad de movimiento y sin los efectos secundarios que producen los medicamentos convencionales recetados.

MIEL DE AJO

Mucho se habla de los usos benéficos del ajo, tanto en la salud como en la cocina.

Sabemos que el ajo es un potente antibiótico natural, además ayuda en el tratamiento de los resfriados, la tos, dolor de garganta, infecciones de los senos paranasales. Cuando se aplica tópicamente, el ajo puede tratar infecciones de la piel.

En condiciones crónicas, el ajo reduce el azúcar en la sangre y la presión arterial. Es eficaz en el tratamiento de la Malaria y estimula y reconstruye el sistema inmunológico más devastado.

El ajo fresco tiene propiedades más potentes, pero algunas personas no lo pueden comer crudo, ya que su sabor es demasiado fuerte, algo picante y sumamente oloroso. En estos casos, se puede picar finamente, cocinarlo un poco o simplemente hacer una miel de ajo.

La miel de ajo es fácil de preparar y se puede utilizar para todo lo dicho anteriormente, y por supuesto que también se puede agregar a sus comidas.

Para preparar la miel de ajo, se limpia y corta una cabeza de ajo entera. Picando el ajo ayuda a liberar *alicina*, el más potente agente químico de ajo. La *alicina* se forma cuando la *aliina* reacciona con la enzima *alinasa* al picar o triturar los dientes de ajo.

Una vez que hayas terminado de picar los dientes de ajo, ponlos en un frasco limpio de medio litro. Agrega la miel hasta llenar el frasco.

Es recomendable utilizar miel de abeja de la llamada cruda y orgánica.

Toma algo de tiempo para que la miel filtre a través de los dientes de ajos picados. Usa un cuchillo o una cuchara de madera para evitar en lo posible se formen burbujas de aire, así que debes verterlo lentamente.

Eliminadas las burbujas, cierra el frasco y ponle una etiqueta con la fecha. Guárdalo en la despensa de 2 a 4 semanas, después de las cuales ya podrás utilizar la miel con o sin el ajo. Te dura en buen estado unos 3 meses.

Puedes consumir la miel de ajo en cucharadas o simplemente añadirla al té si tienes un resfriado, tos o cualquier otro dolor, o simplemente como preventivo.

PASIFLORA

De esta planta se cuentan hasta 530 especies, algunos nombres científicos serías *Passiflora incarnata L. Pasiflora coerulea. Passiflora ligularis,* y la *Pasiflora edulis* conocida como Maracuyá.

Otros nombres: *Flor de pasión; Granadilla; Maracuyá; Mburucuyá; Pasionaria; Pasionaria lila; Flor de la pasión; Granada china...*

La flor de la pasiflora es una verdadera obra de arte y de allí sacaron los españoles, cuando la descubrieron en América andina, el nombre de **Flor de la pasión,** del latín *passio*, pasión, y *flor floris*, flor, "pasiflora", porque en la flor veían los elementos de la pasión de Cristo, desde la corona, las 5 llagas, los 3 clavos y la cruz... y hasta los apóstoles en los pétalos.

Crece principalmente en la zona tropical de América, sólo 22 especies crecen en el sur de Asia, Australia y Oceanía.

***Un poco de historia.-* COANENEPILLI** era como la denominaban los mexicas y la utilizaban como diaforética, diurética y analgésica.

Los Incas preparaban con la planta de pasiflora un té de carácter tónico.

El cristiano simbolismo de la pasiflora la popularizó rápidamente en Europa, donde se utiliza como tranquilizante y sedante.

En textos de la época de la colonización de América se menciona que los indígenas usaban el té de pasiflora para calmar los nervios; también las hojas machacadas como cataplasmas aplicadas sobre heridas y quemaduras. En siglos posteriores se usaba la pasiflora como remedio de cabecera en situaciones de insomnio, disturbios menstruales, nerviosismo, epilepsia y tosferina.

A finales del siglo XIX comienza su uso en Estados Unidos como sedante, remedio oficial desde 1839 cuando fue incluida en el New Orleans Medical Journal, como sedante no narcótico y digestivo.

En Europa durante la Primera Guerra Mundial se usó como remedio contra la *"angustia de guerra"*.

Desde los años treinta del siglo veinte es muy utilizada como sedante y antiespasmódica, entrando en el grupo de los tranquilizantes naturales más usados en formularios y farmacopeas. En parte porque la pasiflora es una de las plantas más reputadas como remedio, sin efectos secundarios, en toda clase de disturbios nerviosos por su acción *ansiolítica, sedante, antiespasmódica y somnífera.*

En casos de **ANSIEDAD** la pasiflora actúa como un ansiolítico ligero, sin riesgo de dependencia. Es la planta ideal para toda persona sometida a tensión nerviosa y estrés de cualquier tipo; por lo mismo se recomienda para todos aquellos que están tratando de quitarse alguna adicción, ya que las ansias son el principal motor que hace volver a la jugada, a la droga, al vicio, a los malos pasos, a todo aquello que creemos que nos hace daño, pero no podemos dejar...

También son importantes las propiedades de la pasiflora como: **CALMANTE DEL DOLOR** sobre todo cuando el dolor es originado por problemas del sistema nervioso, por lo que es adecuada en dolores de cabeza frecuentes (migrañas) o cualquier otro tipo de dolor, incluso en las neuralgias.

Palpitaciones y arritmias, dolores menstruales, espasmos diversos, depresión estacional, hipertensión arterial... todos esos males mejoran significativamente con el uso de la pasiflora.

"El mejor remedio natural para la alta presión es el Maracuyá", me dijo hace algunos años un amigo colombiano... Hoy que creció una planta de flores raras frente a mi casa me entero que no decía mentiras, o por lo menos mucha gente comparte esa opinión.

Se usan las hojas, las flores el fruto... Lo más común como remedio es el té de flores y hojas.

RESUMIENDO.- La pasiflora ayuda principalmente en casos de: Trastornos nerviosos. *Ansiedad. Trastorno psiquiátrico llamado "trastorno de ajuste con ansiedad".* . *Estrés, Hiperexcitabilidad ce-*

rebral, Histeria, Fatiga e Insomnio. Epilepsia. Asma espasmódica y Tos nerviosa. Contractura muscular. Espasmos gastrointestinales y úlcera gastroduodenal. Colón irritable. Hipertensión arterial, Palpitación, Taquicardia e Irregularidades cardiacas. Migraña, Neuralgia, Vértigo. Síndrome de abstinencia en casos de alcoholismo, drogas... Niños hiperactivos. (¿Autismo?, yo no lo dudaría)

La medicina popular la usa además en casos de Parkinson. Reuma. Arteriosclerosis. Artritis (uso externo). Cáncer. Cataratas. Cirrosis. Colesterol. Debilidad de los capilares sanguíneos. Degeneración macular. Hemorroides (uso externo e interno). Heridas y quemaduras (uso externo). Inflamaciones (uso externo). Sofocos en la menopausia. Trastornos de la piel: Eccemas. Psoriasis. Trastornos del corazón. Triglicéridos. Trombosis (prevención)...

Maravilla natural, toda una obra de arte

MARIHUANA

κανναβις. *Cannabis*. Cáñamo.

Cannabis sativa (cáñamo o mariguana) es una especie herbácea de la familia *Cannabaceae*, con propiedades psicoactivas.

Planta anual originaria de las cordilleras del Himalaya, Asia.

Mucho se ha hablado del cáñamo y sus derivados: grifa, kif, hachís, y hay muchos prejuicios contra esta planta, pero no es que la planta sea mala, es buena.

Su historia se podría remontar al 8000 a. C. cuando, según estudios arqueológicos, la marihuana ya se cultivada para elaborar tejidos.

Las semillas se utilizaban para combatir las inflamaciones de la piel y eran consideradas como tónico, reconstituyentes, laxantes, diuréticas y muy apropiadas para extraer los gusanos a los recién nacidos y a los animales.

El cánnabis es una droga obtenida del cáñamo, tanto del *cánnabis sativa*, o 'cáñamo cultivado', como del *cannabis indica*, o 'cáñamo de la India'. A sus flores, o cogollos, se les llama en la jerga *'marihuana'*, y en su forma resinosa se llama hachís, que en árabe significa *"hierba seca"*.

Se cuenta que el término *"marihuana"* fue introducido por los seguidores de Pancho Villa, " desde el año 1895, aunque "los villistas" revolucionarios aparecieron en 1910.

El nombre de Cannabis proviene del término ***"quannabu"***, con que lo conocían los asirios. En la Biblia aparece como *"kalamo"* en labios del rey Salomón, y en el Sinaí era fumado y bebido con el nombre de *"suama"*. En Sudáfrica en conocido como *dagga*.

"Marihuana" es un término genérico empleado para denominar a los cogollos de esta planta, que son sus flores femeninas; y al hachís (su resina),

Los beneficios del cáñamo o cannabis no como droga, sino como planta medicinal son innumerables.

Sus semillas son un valioso alimento vegetal por sus muchas proteínas (hasta un 34%) y sus aceites grasos esenciales.

Antes de su prohibición era utilizado en la medicina. En 1890, el médico personal de la Reina Victoria de Inglaterra, Sir Russel Reynolds, le recetaba cannabis para sus problemas menstruales.

El aceite se utilizaba como tónico para los cabellos y como antídoto al envenenamiento del azufre. El jugo fresco de las hojas servía para curar picaduras de escorpión.

Esta planta se ha cultivado como fuente de fibra textil desde hace miles de años; y el aceite de semillas como alimento especialmente las variedades llamadas cáñamo.

Hay registros escritos que datan de 2737 a.C. de que la marihuana se ha utilizado durante miles de años como planta medicinal, como psicotrópico y como una herramienta de carácter espiritual.

De su fibra sacaban vestimenta, cuerdas, textiles industriales y papel. El aceite de sus semillas también se puede usar como combustible y en la preparación de alimento del ganado.

La marihuana y sus componentes químicos activos tienen muchas propiedades que pueden beneficiar a pacientes con cáncer. Poco se sabe, sin embargo, sobre cómo la marihuana interactúa con otros medicamentos recetados.

Las personas interesadas en las terapias de la marihuana deben consultar a un profesional de la salud antes de usar la marihuana para tratar los síntomas de cáncer.

Reduce el tamaño del tumor.- Estudios de investigación médica demuestran que los efectos de la marihuana como un agente anti-tumoral son particularmente evidentes para reducir los gliomas, que son una rara, pero muy agresiva forma de cáncer de cerebro que normalmente se traduce en la muerte del paciente dentro de los dos años del inicio. Y hay estudios que demuestran efectos antitumorales de la marihuana en un número de cánceres, incluyendo cáncer de mama, cáncer de próstata, cáncer de colon, cáncer de pulmón, cáncer de cuello uterino y otros cánceres. Otros estudios aseguran que cuando se usa marihuana en combinación con ciertas quimioterapias, puede aumentar la eficacia de los fármacos contra el cáncer.

Estudios del National Institute of Health (HIH), de EEUU, y de la British Medical Association de Inglaterra coinciden en que los componentes activos de la hierba podrían tener aplicaciones médicas benéficas para diferentes condiciones de salud. En informes, publicados en 1997, dichas organizaciones médicas aseguraron que fumar marihuana permitiría disminuir la elevada presión del líquido del ojo que se produce en quienes padecen glaucoma.

Otros beneficios médicos atribuidos, aunque no están comprobados científicamente, son un efecto antidepresivo, propiedades antibacterianas, inhibición del crecimiento de tumores, alivio a los ataques severos de asma, prevención de la diabetes, combate del insomnio y las migrañas, control de las convulsiones y espasmos musculares en personas con epilepsia y con lesiones en la médula espinal.

Muy usada es la marihuana macerada en alcohol, para friegas, para aplicarlo en las zonas doloridas por torceduras y neuralgias, pero más para calmar

los dolores reumáticos, dolores articulares y musculares, las molestias lumbares, migrañas...

Recuerda que las plantas son inocentes, no son malas, lo
malo es el uso y más el abuso.

MANGO

El mango es una planta originaria de Asía, de la India le viene el nombre científico: *mangifera indica* a la especie más conocida, una de las muchas variedades de mangos que hay. Hoy es cultivado en todo el mundo. Los mangos fueron introducidos a California en 1880 en Santa Bárbara.

El árbol alcanza los 25 metros de altura, La fruta, también llamada mango, además de su sabor, color y textura, tiene gran valor alimenticio: Vitaminas, minerales y proteínas. Además de la fruta, diferentes partes del árbol se emplean para tratar una variedad de dolencias.

Algunos beneficios del mango.-

• . Tiene azúcares naturales, por eso es fuente de energía fácil de utilizar y libre de residuos.

• . La energía que aporta el mango ayuda a sentirse y rendir al 100% en el trabajo físico y mental.

• . Por su alto contenido de fibra, ayuda a controlar el impacto de los azúcares que contiene la fruta y los demás azúcares consumidos en la comida

• . Es rico en hierro.

• . Tiene potasio, esencial para garantizar la correcta contracción y relajación de los músculos.

• . También posee vitamina C. Poderoso antioxidante que previene enfermedades infecciosas de todo tipo, incluyendo las respiratorias.

• . Se trata de una fruta saludable y nutritiva que fácilmente se puede añadir en una dieta correcta y es de moderado aporte energético.

• Posee propiedades anti cancerígenas y antisifilíticas.

• Posee grandes beneficios a nivel respiratorio, endocrino, ginecológico y digestivo.

Las flores se toman en té, mientras que las hojas y la raíz en cocimiento.

En la antigüedad la resina del tronco se utilizaba en casos de diarrea crónica y sífilis, gracias a sus propiedades sudoríficas.

A pesar de que el fruto cuando está maduro puede actuar como un buen laxante, verde es un excelente astringente, y recomendable para la vaginitis, el catarro o la diarrea. Para alivio del asma se recomienda comer mango soasado, antes de dormir.

Té de flores del mango.- En gran parte de América del sur el té de mango es utilizado para infecciones urinarias.

Disuelve las mucosidades • Ayuda en **Bronquitis y Resfriados.**

Cocimiento de hojas de mango.- Se cocen durante 20 minutos unas dos hojas secadas al sol, cortadas en trocitos en un litro de agua. Se dejan reposar durante una hora y se toma un par de vasos al día durante 3 días. Descansar durante una semana y repetir el tratamiento anterior.

También puede mezclar con jugo de piña o del mismo mango. Este cocimiento es bueno para **Coagulación de Sangre;** también es bueno para las **Hemorragias:** Fortalece los capilares e impide que se rompan las pequeñas venitas. Ayuda a la **Presión Arterial Alta:** Rebaja la hipertensión.

Jugo de mango.- Bueno en casos de **Espasmos:** • **Gases:** • Indigestión: • **Vómitos:** • **Estreñimiento Crónico** • Nervios **en el Estómago:**

Fomento.- El cocimiento de hojas de mango en forma de fomento **Desinflama la piel.** Desinflama las partes golpeadas y borra las manchas que deja la sangre.

• **Lombrices intestinales**: se utilizan las semillas tostadas o la raíz en polvo. En té o cocimiento.

Mango para la anemia.- Verter en una licuadora la pulpa de una mango maduro picado, 1 taza de leche descremada, 1/4 de cucharadita de extracto de vainilla y hielo, el necesario y batir hasta que se integren muy bien. Tomar un vaso cada tercer día por la mañana.

El mango, por su alto contenido de hierro, proporciona a la sangre este mineral tan importante para la hemoglobina que transporta el oxígeno a través de nuestro cuerpo.

Mango para las encías y aliviar la piorrea.- Se lavan y se machacan dos hojas de mango. Se mastican por 5 minutos. O poner un manojo de hojas de mango en un litro de agua que esté hirviendo. Se deja enfriar y se hacen buches.

Mango para la digestión.- Licuar la pulpa de un mango y una rebanada de papaya con un poco de agua. Tomar una taza de este jugo todos los días después de las comidas principales.

El concepto que se tiene en México de los mangos se muestra en un piropo: Decirle a una mujer que *"está como mango"* es decirle que tiene un cuerpo muy atractivo... (También lo dicen las mujeres de los hombres) *"Buena como mango...."* o, "bueno como mango" ....

¡Los mangos son buenos!

KALE

¿El Qué? ... Sí, para muchos resultará desconocida esta planta, aunque no es desconocida, simplemente no era muy usada, pero se está poniendo de moda, porque la moda en todo está. Y sí, también hay plantas que se de repente se ponen de moda. Usted recordará años atrás cuando se puso de moda la sábila, por ejemplo, y todos las enfermedades se querían curar con la sábila, ya pasada la moda, la sábila ha vuelto a ocupar su lugar, que no es lugar malo de ninguna manera, dentro de la herbolaria.

¿Qué es el kale? La Col Verde (Kale) es una planta comestible de fuerte y característico sabor. Igual que el repollo, antiguamente el kale era considerado como *"alimento para los pobres"*.

En Castellano se le conoce con diversos nombres: col rizada, Col Verde, Col crespa, Berza col, etc. En ingles se le denomina *Kale*, que porque suena más elegante.

Se trata de un vegetal perteneciente a la misma familia del repollo ***Brassica oleracea*** que también incluye brócoli, coliflor, repollitos de Bruselas (Brussels sprouts). El kale tiene hojas verdes o purpuras, rizadas o planas y un sabor un poco amargo que combina a la perfección con otros vegetales.

Descendiente del repollo, se cree que esta planta tuvo sus orígenes en Asia Menor y fue llevada a Europa por grupos celtas alrededor de los 600 a.C. Tuvo un papel importante en la dieta de los europeos quienes la cosechaban en grandes cantidades en los tiempos de la antigua Roma, y después sería muy consumida por los campesinos de la Edad Media. Se cree que más adelante, en el siglo XVII fue traída a los Estados Unidos por los ingleses.

Según el Departamento de Agricultura de los Estados Unidos, en la nueva pirámide de alimentos, basada en las Guías Alimentarias para los Estadounidenses, este vegetal se encuentra en el tope de la lista de los vegetales de hojas verdes más importantes actualmente.

El kale es bajo en calorías, está lleno de nutrientes, antioxidantes y vitaminas A y C. Contiene más hierro que la carne y más calcio que la leche, aparte de ser mejor absorbido por el cuerpo en comparación con la mayoría de los lácteos.

Una taza de kale contiene cinco por ciento de la fibra que se recomienda consumir a diario.... Si usted leyó en esta sección el artículo sobre el repollo, recordará que lo llamamos *El médico de los pobres* y algunos podrían considerarlo también como alimento de pobres, pero muchos se sorprendieron al enterarse de las muchas propiedades alimenticias y medicinales del repollo. Pues el Kale tiene muchas de las propiedades del repollo, por ser de la familia, simplemente, hoy se ha puesto de moda, porque algunas celebridades de Hollywood, que tal vez no quieran admitir que comen el humilde repollo, han puesto de moda el kale para distinguirse de la chusma. Fíjese usted bien que no estoy quitándole mérito a las propiedades del kale, simplemente señalo el hecho de que de vez en cuando ciertas plantas se ponen de moda y que todos los días alguien descubre América, como un amigo que me mandó un e-mail ponderándome las propiedades de los plátanos... o sea, cada día hay muchos que apenas están descubriendo lo que ha sido sabido por siglos y lo presumen como novedad.

Algunos beneficios del Kale.- Contiene nutrientes antiinflamatorios y anti-cancerosos en forma de glucosinolatos, que son los responsables de su aroma y sabor amargo. Por otro lado, este vegetal ayuda mucho al sistema cardiovascular porque baja los niveles de colesterol en el cuerpo, aparte de ser un excelente desintoxicador del organismo, por eso se ha vuelto popular en recetas de *"juicing"* (jugos, pues), que son recomendadas para desintoxicar o para adelgazar.

El kale, Col Verde, estimula al hígado a producir enzimas necesarias para combatir el cáncer. Tomar una taza de Col Verde (Kale) al día puede ayudarle a prevenir muchos tipos de cáncer como cáncer de colon, de próstata, de pulmón, etc.

El kale tiene un alto contenido de carotenos, específicamente de luteína y zeaxantina, dos beta carotenos que son dos poderosos compuestos que pueden proteger sus ojos contra los rayos ultravioleta. Además parecen prevenir la formación de cataratas.

El kale ayuda a retardar los procesos normales de envejecimientos. Por su contenido de fibra ayuda en el proceso digestivo. Disminuye los niveles de colesterol, pues, unido a los ácidos biliares, ayuda a digerir la grasa, estimulando la producción de colesterol bueno en el hígado, situación que lo regula y por lo tanto este equilibrio es favorable para la salud cardiaca al evitar el engrosamiento de las paredes arteriales y sus consecuencias negativas, como el incremento de la presión arterial. Baste con esto para que entienda que, esté o no esté de moda, el kale es bueno, como el repollo, consuma lo natural y manténgase sano, que si es sabio el que cura, es más sabio el que no se enferma

JÍCAMA

El nombre científico de la jícama es *Pachyrhizus erosus*, o *Pachyrhizus angulatus*. *Es* una planta leguminosa, herbácea, de raíz globulosa, jugosa y dulce. Se puede consumir en rodajas o en jugo.

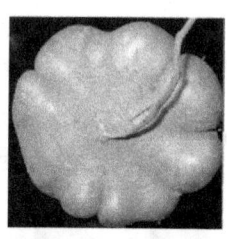
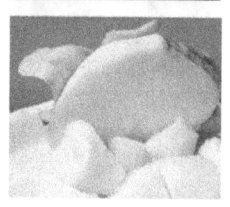

El P. Jiménez traduciendo al naturista Hernández que estudio las plantas de la Nueva España en el siglo XVI, dice: *"La que llaman jícama, es una yerba que los mexicanos llaman, Catzol, o raíz que mana zumo, la cual tiene la raíz gruesa y por la mayor parte de figura redonda, blanca y de agradable comida y de temperatura, grandemente refrigerante....., mitigan estas mismas raíces la sed, quitan el calor y sequedad de la lengua, dan como mantenimiento a los que padecen calenturas, resfrían y humedecen el cuerpo y le mantienen bastantemente según he oído decir; llévanse a España hechas conserva con azúcar o envueltas en arena, crudas y llegan allá sin género de daño ni corrupción"*

Ha sido cultivada en México y Centroamérica por las culturas prehispánicas, de ahí que su nombre provenga del idioma náhuatl **xicamatl**, *"raíz acuosa"*. Con la llegada de los españoles, fue llevada a

Filipinas de donde se extendió a diferentes países asiáticos.

De la planta sólo el bulbo es la parte que se come, lo demás es un poco tóxico.

La jícama ha adquirido buena fama en las dietas para reducir de peso por su gran contenido de agua (90%), almidones de fácil digestión, y pocas calorías (unas 50 por cada 100 gramos), pero tiene más beneficios para la salud.

La jícama es rica en nutrientes. Una porción de jícama, un poco más de 100 gramos, proporciona una cuarta parte de lo que se necesita diariamente en fibra, pero no cualquier fibra, pues la fibra de la jícama tiene una sustancia, llamada inulina, sin calorías y que no metaboliza en el cuerpo.

La jícama ayuda en la salud de los huesos, al mejorar la absorción de calcio de otros alimentos, protege contra la osteoporosis. La inulina de la jícama promueve el crecimiento de bacterias "buenas" en el intestino, lo que ayuda a un colon sano.

Por su muy bajo índice glucémico, la jícama es un gran alimento para los diabéticos.

La jícama es también una excelente fuente de vitamina C. lo que la hace un antioxidante poderoso contra los radicales libres para proteger contra el cáncer, inflamación, tos viral, frío y las infecciones.

Tiene bastante potasio y eso puede ayudar a promover la salud del corazón, puesto que las frutas y verduras altas en potasio están vinculadas en disminuir los riesgos de enfermedades cardíacas.

La Jícama contiene importantes vitaminas como folatos, riboflavina, piridoxina, ácido pantoténico y tiamina y los minerales magnesio, cobre, hierro y manganeso. Como las papas, deben utilizarse con moderación debido a su alto contenido de carbohidratos.

Estudios han demostrado que los alimentos que contienen inulina, tales como la jícama, ayudan a disminuir los riesgos de cáncer de colon en varias formas, que incluyen la reducción de la exposición a sustancias cancerígenas en el intestino, así como a los efectos tóxicos, inhibiendo el crecimiento y propagación del cáncer de colon a otras áreas del cuerpo. Mas ayudan a reducir la incidencia de cáncer colorrectal cuando se consumen durante las primeras etapas de desarrollo del cáncer.

Resumiendo.- Como alimento.- La jícama está llena de vitaminas y minerales. Es buena fuente de fibra. Contiene vitamina C, calcio, potasio, fósforo, hierro, carbohidratos y pocas proteínas y lípidos. Es baja en sodio. Por otra parte, no tiene calorías de grasa, ni colesterol.

Beneficios.- •Ayuda a combatir el estreñimiento. • Combate el colesterol alto y los triglicéridos. • Ayuda a reducir el nivel de azúcar en la sangre. • Es antioxidante. • Es refrescante, mitiga la sed y la sequedad de boca. • Estimula la síntesis de vitaminas del complejo B. • Evita el crecimiento de los microorganismos putrefactivos que provocan diarreas. • Fortalece el sistema inmunológico. • Poderoso antioxidante y anti-inflamatorio ayuda a calmar los síntomas del asma. • Ayuda en la enfermedad gota. • Mejora la asimilación del calcio. • Muy buena fruta para el sistema digestivo. • Previene infecciones gastrointestinales. • Puede corregir desordenes estomacales como acidez, indigestiones y trastornos gástricos. • Reduce el colesterol malo y triglicéridos (contra la arteriosclerosis). • Es diurética. • El jugo de jícama ayuda a descongestionar los riñones, los bronquios y quitar la temperatura producida por el calor.

La jícama se puede consumir cruda, sola o en cualquier ensalada de frutas o vegetales, queda más deliciosa si se rocía con jugo de limón y chile o pimentón en polvo. También se puede freír y usar en lugar de las consabidas papas fritas o el arroz.

COCO

Junto con el trigo, el arroz, el árbol de pan, el plátano, el frijol, la yuca y la papa, el coco ha sido uno de los recursos alimenticios más importantes de la humanidad. Existen más de 40 especies de palma de coco, y aunque son típicas de las playas, hay especies que se dan a 1,500 de altura. La palmera del coco alcanza hasta los 20 metros de altura dependiendo de su variedad.

El nombre del coco es una abreviación de la palabra portuguesa *"macaco"*, que es como comúnmente se le conoce a una especie de mono (mico), debido a que el fruto tiene tres huecos o huellas oscuras que asemejan la cara del animal.

Algunos beneficios del Coco.- Además de su beneficio como refrescante, el agua de coco presenta beneficios como diurético y es extremadamente laxante, por lo cual se recomienda en algunos casos de estreñimiento.

La pulpa también tiene cualidades moderadamente laxantes y con ella se puede hacer un jarabe pectoral para combatir afecciones de las vías respiratorias altas.

Para aliviar la tos es aconsejable abrir un coco, machacarlo y ponerlo a cocer a fuego lento junto con miel de abejas, dejarlo un rato allí hasta que se forme un jarabe que se deberá tomar cada 3 horas.

Algunos investigadores afirman que el agua de coco aparte de ser purificadora de la sangre y prevenir enfermedades como el asma y la amebiasis, también hace que se tenga buen humor.

El agua de coco es muy buena contra lombrices intestinales y otros parásitos, en especial si se toma habitualmente mezclada con piña o papaya.

El coco ofrece grandes beneficios para el cuidado de la piel, pues es emoliente. El aceite de coco es la base de muchos y variados productos de belleza, como lo es el caso de leches para la piel, cremas y pomadas.

La manteca hecha con el coco es emoliente, y se utiliza frecuentemente para la piel reseca, en especial cuando los labios se cuartean por el frío. El coco contiene ácido láurico, que al ser procesado sirve para crear jabones, detergentes y shampoos.

Modos de usarse.- Un remedio muy útil para evitar o disminuir las arrugas en el rostro se puede hacer con 2 plátanos pequeños bien maduros y 3 cucharadas de aceite de coco. Se hace un puré con los plátanos, se agrega el aceite de coco y se mezcla hasta que quede uniforme, luego se aplica sobre la piel y se deje actuar por 30 minutos. Se retira con abundante agua tibia.

La pulpa del coco se utiliza para tratar diferentes afecciones nerviosas, debilidad, enfermedades respiratorias y problemas de memoria. Para prevenir el asma o combatirla es prudente tomar varias veces al día leche de coco.

Para curar parásitos intestinales, se aconseja mezclar medio vaso de jugo de piña con medio vaso de leche de coco y tomar como desayuno durante 9 mañanas consecutivas. Es necesario no consumir ningún alimento hasta dos horas después de haber tomado esta bebida.

Se recomienda que la leche de coco sea un alimento habitual en los niños durante su crecimiento, pues posee gran contenido de proteínas que ayudarán a mejorar la formación de los tejidos estimulando así el proceso de crecimiento.

Uno de los usos más extendidos del coco es para obtener aceite de cocina o margarina. Las grasas del coco son resistentes a altas temperaturas. Debe consumirse con moderación pues contiene grasas saturadas.

El agua de coco, por su mezcla de nutrientes – minerales, vitaminas, proteínas, carbohidratos y antioxidantes-, es en una bebida isotónica o rehidratante que pueden consumir los deportistas. También puede ser fermentada para producir vinagre.

Por, por ser estéril el agua de coco, mientras permanece dentro del coco, es posible utilizarla como solución intravenosa de emergencia en los casos en que el volumen de la sangre disminuye, como en hemorragias o deshidratación, para sustituir el plasma en la sangre.

Resumiendo.- El coco es conocido como benéfico a nivel dermatológico, digestivo, urinario, nervioso y respiratorio y también ayuda a regular la presión sanguínea y los niveles de azúcar y colesterol en la sangre

El aceite de coco tiene muchísimos usos, por lo que lo veremos en otro capítulo aparte... baste decir que va desde comestible medicinal hasta industrial automotriz, pues se puede usar como combustible en los motores Diesel. En condiciones de temperatura alta puede sustituirlo totalmente, y en sitios con temperatura inferior a los 25°, se le puede mezclar con diesel para evitar que se solidifique y dañe el motor...

¡El coco es muy bueno... usa el coco...!

CACAHUATE

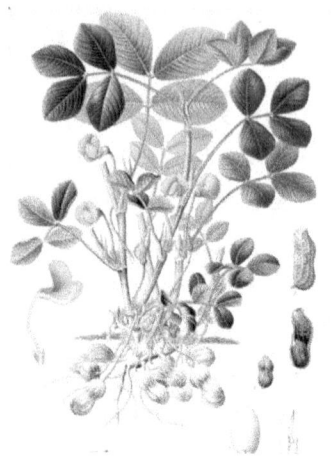

El cacahuate, *Arachis hypogaea*, también llamado cacahuete o sencillamente maní, es una de las leguminosas más conocidas.

Su consumo es co-mún en muchos países en forma de golosina o botana. Pero esa "humilde" semilla es un alimento altamente nutritivo y saludable y su consumo regular tiene grandes beneficios para la salud, por lo que debería añadirse a todas las dietas regulares.

La planta del cacahuate es anual, posee un tallo sencillo que crece entre 30 y hasta 80 centímetros de altura. Flores de color amarillo intenso tienen un tamaño que no supera el centímetro. Por fácil de reproducir y su gran aporte para la dieta, el cacahuate es una planta que se cultiva ya por toda América, el Mediterráneo, África y Asia. De hecho hoy en día los mayores productores de cacahuate son India y China.

La parte que se colecta es la vaina, a la cual solemos llamar cacahuate. Es una vaina ovalada que crece entre las raíces y que posee una cobertura dura. La semilla oleaginosa contenida dentro de la vaina es la parte útil como alimento como medicina y en la cocina.

Beneficios.- El cacahuate como alimento aporta vitaminas, minerales, fibra y antioxidantes, tiene propiedades anticancerígenas y ayuda a cuidar la salud cerebral y cardiovascular.

Para la piel: Sus semillas se usan como la-xantes discretos y gracias a sus emolientes, (que ablandan) su aceite es usado en gran cantidad de productos para la piel y cosméticos.

En la lactancia: El cacahuate aumenta la producción de leche en las madres en lactancia.

Para controlar el colesterol: El consumo frecuente de cacahuete (maní) ayuda a proteger el organismo de enfermedades como el cáncer y otros padecimientos a nivel coronario, pues es un fruto rico en antioxidantes y, por su alto contenido de grasas monoinsaturadas, es excelente para reducir el colesterol malo y mantener a buen nivel el colesterol bueno. Según investigadores del Departamento de Agricultura de Estados Unidos, el maní aporta una sustancia antioxidante llamada *resverastrol*, que es muy efectiva en contra del colesterol.

En dietas: Es recomendado por nutricionistas para las dietas, pues afirman que su consumo produce una sensación de saciedad. Por su contenido calórico no es recomendable exceder su consumo, pues no siempre se digiere bien.

Según investigaciones de varias universidades, consumir 30 gramos de maní natural por lo menos una vez a la semana, ***disminuye el riesgo de cáncer de mama***, gracias a que aporta ácidos grasos y antioxidantes. Se encontró, también, que el *beta-sitosterol* contenido en esta semilla, **reduce el crecimiento de células cancerígenas.**

El cacahuate contiene un bajo índice glucémico, lo que lo hace **ideal para las personas con diabetes**, siempre y cuando lo consuman sin sal ni azúcar agregada.

Saludable para el corazón.- El 75% de las grasas contenidas en los cacahuates son ácidos grasos monoinsaturados y su consumo regular puede disminuir hasta un 19% la mortalidad asociada con enfermedades cardíacas.

Aporta proteína vegetal.- El cacahuate aporta proteína vegetal y arginina, un aminoácido que tiene propiedades curativas asociadas con la prevención de arterosclerosis y fortalece el sistema inmunológico.

Para las embarazadas.- El cacahuate aporta ácido fólico, un nutriente esencial durante el embarazo para prevenir malformaciones congénitas.

Contra la hipertensión.- El cacahuate contiene un aminoácido llamado *arginina*, que es un potente vasodilatador que relaja las paredes de las arterias, reduciendo la presión, al tiempo que reduce o no permite la acumulación de colesterol en las arterias.

Mejora la salud mental.- Aporta vitaminas del complejo B que mantienen y reparan el sistema nervioso central y periférico, promueve la concentración y previene la pérdida de memoria a corto y largo plazo, así como la demencia senil.

Fortalece los huesos*.- Contienen calcio, fósforo y magnesio, minerales que ayudan a mantener los huesos sanos y fuertes.

Fuente de vitamina E*.- Su aporte de vitamina E previene el envejecimiento prematuro de la piel, gracias a sus propiedades antioxidantes.

Potencia sexual*.- Se cree que su consumo podría generar un aumento del deseo sexual.*

Estos y muchos más son los beneficios que nos

da esta humilde semilla, consumida en cualquier forma... Sin embargo, hay algunas personas que son alérgicas al cacahuate y en ese caso no debe ser consumido ni en crema, aceite o natural, ya que para personas alérgicas, una dosis muy pequeña hasta podría ser fatal.

CÚRCUMA

(TURMERIC)

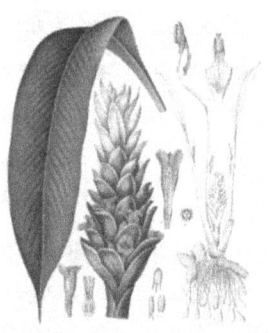

Los expertos catalogan 25,000 plantas medicinales en el mundo. En México cuentas unas 5,000. Sin duda alguna hay plantas poco conocidas en algunas partes del mundo, plantas que en otras partes son muy apreciadas y usadas con buenos resultados, puede ser el caso de esta planta, conocida también como, *azafrán cimarrón, yuquilla* (Cuba), *turmérico, jengibrillo* (Puerto Rico); *palillo cholón, palillo chuncho, guisador, palillo* (Perú, Bolivia)...

La cúrcuma es un producto amarillo que se obtiene de triturar el rizoma seco de la planta *cúrcuma longa*, que es el nombre científico. Pertenece a la familia del jengibre y es uno de los alimentos con un mayor poder antiinflamatorio gracias a uno de sus componentes, el colorante natural llamado **curcumina.**

La cúrcuma aparece en textos médicos de la India, China, Tibet y Oriente Medio desde hace más de dos mil años y es uno de los elementos más comunes en la medicina ayurvédica (medicina tradicional india) que la utiliza en el tratamiento de flatulencias, ictericia, desequilibrios del hígado, infecciones, artritis, orina sanguinolenta, dolor de muelas, hematomas, cólicos, etc., etc., etc.

En Occidente cada vez se reconocen más sus propiedades antioxidantes y antiinflamatorias y, a raíz de múltiples estudios, la cúrcuma es considerada un complemento alimenticio muy importante para tratar tumores cancerosos y puede ayudar como complemento en la quimioterapia.

La cúrcuma es: Analgésica • Antibacteriana • Anticancerígena • Anticoagulante • Antihistamínica • Antiinflamatoria • Antioxidante • Antiparasitaria • Antivírica • Carminativa • Cicatrizante • Colagoga (facilita el vaciado de la vesícula biliar) • Colerética (favorece la producción de bilis) • Diurética • Expectorante • Fungicida • Hepatoprotectora (para el hígado) • Reduce el colesterol malo • Tonificante.

Artritis.- La acción antiinflamatoria de la cúrcuma es significativa; estimula la producción de cortisona. Sus efectos se comparan a algunos medicamentos usados para artritis, con la ventaja de que la cúrcuma no produce efectos secundarios.

Sistema digestivo.- Protege la mucosa en el tracto digestivo. • Favorece el buen funcionamiento del hígado protegiéndolo del estrés oxidativo provocado por los radicales libres y también de la acción de toxinas y parásitos. • Hace la bilis más soluble y facilita la eliminación de las sales biliares, el colesterol y la bilirrubina, evitando así la formación de piedras en la vesícula. • Alivia los síntomas del colon irritable, tales como espasmos y flatulencias. • Reduce las inflamaciones, los tumores en la pared intestinal en los pacientes con enfermedad de Crohn.

Colesterol.- Interfiere la absorción del colesterol que ingerimos, disminuye los depósitos de colesterol en la aorta y los triglicéridos en sangre.

Trombosis.- La actividad antioxidante de la curcumina inhibe la formación plaquetaria, así la sangre es más fluida y evita la formación de trombos y embolias.

Antioxidante.- La curcumina es un poderoso antioxidante comparable a las vitaminas C y E. Además, el extracto acuoso de la cúrcuma tiene la facultad de inhibir el daño oxidativo al ADN.

Alzheimer.- Ayuda a prevenir enfermedades como el alzhéimer. Según un artículo publicado por un grupo de investigadores de la Universidad de California, la cúrcuma, previene la acumulación de ciertas proteínas que forman placas que matan neuronas.

Cáncer.- En la actualidad se están haciendo estudios en humanos para investigar el poder de la cúrcuma contra el cáncer. Ya se ha demostrado in vitro, aplicando directamente curcumina en cultivo de células tumorales, y en vivo en ratones de laboratorio a los que se les han injertado tumores de cáncer de mama que ya no respondían a la quimioterapia. Administrando a estos ratones una dosis de cúrcuma como las empleadas en cocina se redujo de manera impresionante el avance del cáncer.

Absorción.- Se aconseja emplear la cúrcuma acompañada de pimienta, porque ésta facilita la absorción de la curcumina por el organismo.

Beneficios de la cúrcuma en uso externo.- Aplicada sobre la piel combate dermatitis, psoriasis y hongos. • Aplicándola directamente, alivia inflamación y dolor en músculos y articulaciones. • Hacer gárgaras con polvo de cúrcuma diluido en agua, acelera la curación de las llagas y microbios en la boca y garganta.

Precauciones.- Algunos expertos señalan que se deben tener ciertos cuidados antes de tomar cúrcuma. Por ejemplo: No exponerse al sol mucho rato si se consume cúrcuma en dosis altas, ya que sus principios activos parecen aumentar la sensibilidad a las radiaciones solares. En caso de úlcera gastroduodenal, evitar su consumo en exceso o durante periodos largos. Las personas que sufran cálculos biliares deben consultar antes de tomarla. También se recomienda no tomar dosis elevadas en el embarazo porque puede causar contracciones uterinas.

CLAVO DE OLOR

Clavo de olor, c*lavero de olor - clove - syzygium aromaticum, eugenia aromaticum o eugenia caryophyllata.* Su nombre procede del latín *clavus*, ya que el capullo seco sin abrir recuerda la forma de un clavo.

La planta es un arbusto grande o árbol de tamaño

THE CLOVE.

mediano que puede alcanzar hasta 12 metros de más alto. Los clavos son los botones florales a cargo de pequeños grupos en los extremos de las ramas, verdes, rosas de inflexión en el momento de madurez y aromáticos.

La planta del clavo es nativa de las islas Molucas, islas de origen volcánico de Indonesia Oriental, que en un tiempo fueron conocidas como las islas de las especias. Hoy se cultiva el clavero en muchas partes del mundo, pues sigue siendo muy apreciado como especie, como medicinal y en la industria.

Aunque originalmente los clavos crecieron únicamente en unas pocas de las islas Molucas, encontraron camino comercial hacia Europa y Oriente Medio desde tiempos muy antiguos. Por ejemplo, se han encontrado clavos en una vasija de cerámica en Siria como evidencia que data de unos 1721 años A.C.

Hacia El Siglo IV a. C. En China durante la Dinastía Han se acostumbraba que los que les dirigían la palabra al emperador, antes de hablar debían masticar clavos para refrescar su aliento.

Junto con la Nuez moscada y la Pimienta fueron altamente valorados en tiempos romanos, y Plinio el Viejo en una famosa queja afirmó: *"No hay año en el que la India no le drene al Imperio Romano 50 millones de sestercios"* por esta apreciada especia.

Los clavos eran comercializados por los árabes durante la Edad media. Hacia el siglo XV, Portugal tomó control de la ruta y trajeron enormes cantidades de clavo a Europa y fue una de las especias más valoradas en ese tiempo, costando un kilogramo de clavo alrededor de 7 gramos de oro.

Después, por el siglo XVII, Holanda controlaba las especies. En Gran Bretaña hacia el siglo XVII el precio del clavo era tasado en oro debido al alto costo de importación. Francia tuvo éxito en introducir el árbol de clavo en las islas Mauricio en el año 1770; subsecuentemente su cultivo fue introducido en Guyana, Brasil, Las Antillas, y Zanzíbar donde la mayoría de los clavos crecen hoy.

PARA QUÉ SIRVE.- En primer lugar en la cocina como condimento es muy usado el clavo de olor, pero tienen muchos usos más.

Se utiliza entero y molido para aromatizar dulces y pasteles, carnes y pescado, vinos y licores, y como es extremadamente fuerte, se usa en poca cantidad.

Son un material para elaborar incienso en la cultura china y en la medicina china y japonesa.

El Aceite esencial se obtiene por destilación. Se usa con gotero por su concentración. Es de color amarillo y no es soluble en agua, pero sí en alcohol.

Tintura de clavo.- Poner clavos en alcohol y dejarlos por un tiempo, El alcohol se torna de un color café oscuro, lo puede usar en aplicaciones a encías o áreas de dolor como anestésico.

El té se prepara con 10g de clavo por litro, se dejan 15 minutos en reposo. Tres tazas al día, una antes (aperitivo), o después de cada comida. Se puede usar para hacer gárgaras y ayudar a la higiene y salud bucal. Para dolores por sensibilidad dental y caries de los dientes y hasta ayuda a eliminar manchas en los dientes.

El Clavo es: Antiviral. — Estimula la secreción de jugos gástricos. — Afrodisíaco. — Antiinflamatorio — Antibacteriano. — Ayuda en la estabilización de la circulación sanguínea. — Regula la temperatura corporal. — Contra lo hongos. — Estimulante del apetito y la digestión. — Expectorante y analgésico.

Se recomienda en casos de: Inapetencia, dispepsias hiposecretoras, flatulencia, diarreas, enfermedades respiratorias, dolor de garganta, bronquitis, rinitis y dolor de cabeza.

En la medicina china se utiliza para las náuseas, vómitos, impotencia e hipo.

Uso tópico: Limpieza de heridas, ulceraciones de la piel, estomatitis, inflamación de encías y dolores de dientes, amigdalitis, otitis (inflamación y dolores del oído).

El aceite de clavo es útil para tratar la artritis reumatoide y, aunque no se utiliza en el cuidado de la piel, tiene un efecto positivo en las lesiones cutáneas y las úlceras.

Como analgésico y para indigestión, irritación gástrica y en el alivio del mal aliento.

Otro de los beneficios del clavo es el de mitigar las nauseas, tanto debidas a malas digestiones como a mareos del viajero. Este uso del clavo está muy extendido en la India.

Ambientador y germicida: Si desea eliminar los malos olores de un hogar y al mismo tiempo alejar los insectos, coloque cerca de una ventana una naranja o manzana con varios clavos de olor insertados.

Otras cosas que se dicen del Clavo es que incrementa el magnetismo personal. Que atrae el sexo opuesto. Se dice que si se sostiene un puñado de clavos mientras se piensa en alguien, esta persona se sentirá impulsada a corresponder...

Si no te ayuda en eso, sí te ayudará mucho en tu salud...

BLUEBERRIES
ARÁNDANO AZUL

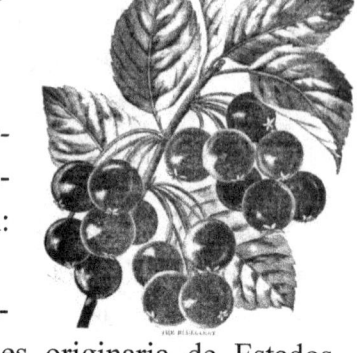

Vaccinium corymbosum es su nombre científico; en inglés le llaman: *Highbush Blueberry*.

También llamada arándano azul, esta especie es originaria de Estados Unidos, que, junto con Canadá son los mayores productores y consumidores de arándanos en el mundo.

Es un arbusto que crece hasta 60 cm de altura. El fruto es una baya pequeña oscura y dulce. De la planta se usan principalmente las bayas madu-ras, ya sean frescas o deshidratadas, pero también se utilizan las hojas, en infusión o para producir un extracto y las semillas, para la extracción de aceite.

Los indígenas de América del Norte han utilizado diversas especies de blueberries para propósitos medicinales, utilizando todas las partes de la planta: Flores, frutos, hojas, brotes jóvenes, corteza y raíces.

En el siglo XII, Sta. Hildegarda de Bingen escribió que los frutos de arándano eran buenos para inducir la menstruación. Cuatro siglos más tar-de, el botanista Hieronymus Bock afirmó que las bayas eran útiles para el tratamiento de cálculos en la vejiga y trastornos de hígado y de pulmón.

En Alemania del siglo XVIII los arándanos, ya fueran frescos o secos, se remojaban en agua para hacer infusiones o jarabes. Las infusiones eran utilizadas en el tratamiento de tos, diarrea, gota y reumatismo, para aliviar los síntomas de la fiebre tifoidea, como enjuague para calmar las úlceras de la boca, como diurético y para prevenir contra el escorbuto.

Durante la 2ª Guerra Mundial se utilizó arándano azul para mejorar la visión nocturna. Pilotos de la fuerza aérea real británica en misiones de bombardeo así lo informaron y esos informes condujeron a la investigación clínica. Los investigadores concluyeron que lo que pasa es que el extracto de arándano ayuda mucho a mejorar la microcirculación, lo que trae beneficios a los capilares que sirven los ojos y las membranas mucosas de los sistemas digestivo y pulmonar, entre otros beneficios.

Las blueberries se usan para el tratamiento de várices, hemorroides, fragilidad capilar, arteriopatías, edemas por insuficiencia venosa, hemeralopia, retinitis pigmentaria, miopía, diarreas, disentería, contra las infecciones intestinales, y para atender y sanar el sistema urinario, es realmente excepcional.

Además, los arándanos contienen ácido quínico, sustancia que se elimina y acidifica la orina, de modo que evita que se formen cálculos.

Ideal para el mantenimiento y la salud de los riñones. No deja que se le peguen bacterias al revestimiento de la mucosa de la uretra y la vejiga, reduciendo así el riesgo de infecciones del tracto urinario.

Los frutos maduros ayudan a depurar la sangre y mantener un hígado fuerte y sano.

Por los antioxidantes, los arándanos neutralizan el daño de radicales libres, ayudando a prevenir enfermedades como cataratas, glaucoma, venas varicosas, hemorroides, úlceras pépticas, enfermedades del corazón, y cáncer.

Por su contenido en polifenoles y antioxidantes, las blueberries ayudan al buen funcionamiento del cerebro, lo protegen del deterioro que causa el envejecimiento y lo ayudan a eliminar las sustancias tóxicas que se van acumulando con los años y causan la pérdida de memoria y pueden reducir los efectos de condiciones como la enfermedad de Alzheimer, demencia, o enfermedad de Parkinson, además protegen al cerebro del estrés.

Otras investigaciones han demostrado, también, que el jugo de arándano incrementa los niveles de colesterol "bueno" lo que contribuye a prevenir enfermedades cardiacas.

Hojas: Las hojas, al igual que las bayas, tienen las mismas propiedades antisépticas y, además, un principio hipoglucémico (que hace reducir el nivel de azúcar en sangre y orina, ayudando a mantener sano el páncreas) de gran utilidad en el tratamiento de la diabetes, hasta el punto de recibir el nombre, en el mundo de la medicina natural, de *insulina vegetal*.

Un té de las hojas secas se usa para tratar el dolor e inflamaciones de garganta y de la boca.

Ese mismo té se ha utilizado también como un purificador de la sangre y en el tratamiento del cólico del lactante.

Útil para inducir el trabajo de parto y como tónico después de un aborto espontáneo.

Semillas: El aceite de semilla de blueberries contiene ácidos grasos Omega-3.

Resumiendo.- Las blueberries vigorizan el sistema de defensas del organismo, reduciendo el riesgo de enfermedades degenerativas, cardiovasculares e incluso del cáncer.

Por la fibra que tienen estas frutas, pueden resultar un remedio para tratar el estreñimiento y la atonía intestinal.

Los arándanos son ideales para combatir infecciones y para mejorar la circulación periférica. Capilares más saludables mejoran la circulación para el tejido conectivo que puede ayudar a las personas que sufren de artritis, retención de agua en las piernas, varices, moretones y hemorroides.

¡Son sabrosas y saludables... coma blueberries!

ARRAYÁN

El arrayán es una planta que pertenece a la familia de las *mirtáceas.* Su nombre científico es *Myrtus communis*, por eso se le conoce también como *mirto* o *murta.*

El arrayán crece en forma de arbusto, alcanzando una altura de 3 a 5 metros y crece principalmente en la región mediterránea.

En la Grecia clásica era utilizada como decoración en coronas para ritos nupciales, y de modo similar era empleado por los romanos. Otros escritos revelan que también se utilizaban para ritos funerarios. En estos usos, siempre como planta decorativa.

Las hojas de la planta contienen tanino, resina y un aceite especial. Este aceite aromático y de color entre amarillo y verde contiene compuestos aromáticos y antisépticos y antibióticos. Por lo que es usado tanto en perfumería como en medicina. En ocasiones sus propiedades antibióticas son comparadas con las de la penicilina.

Por sus propiedades expectorantes, se usa para limpiar secreciones de los bronquios. También se puede emplear como digestivo e incluso como sedante.

Se debe tener precaución al momento de administrar esta sustancia a los niños, pues puede generar reacciones alérgicas.

Cocimiento.- Se hierven 20 gramos de hojas de arrayán por cada litro de agua durante 5 minutos. Se filtran las hojas y el líquido se mezcla con miel. Se toman seis cucharadas al día hasta que desaparezca la inflamación bronquial.

Té de arrayán. Por cada litro de agua se añaden 15 gramos de hojas de arrayán.

Esencia. De una a dos gotas tres veces al día, antes de las principales comidas.

Al árbol del mismo nombre de la familia de las Mirtáceas, *Myrtus communis, leucocarpa,* de fruto blanco, se le llama también **guayabillo** en algunas regiones mexicanas y a la fruta, **guayabilla.**

Los arrayanes se comen generalmente crudos al estar ya maduros, también se preparan en conserva con azúcar o piloncillo; en ates (especie de cajeta), o simplemente cubiertos con azúcar. Son deliciosos, ya sean frescos o secos.

Los jarabes, refrescos o nieves preparados con arrayanes son de muy buen gusto, saludables y provechosos.

El sabor de los arrayanes es un poco ácido, aromático muy agradable y son muy refrescantes. Contienen apreciables cantidades de vitaminas B y C, proteínas, sales minerales, carbohidratos y ácidos nicotínico, tánico, cítrico y málico, por lo que pueden considerarse como un buen alimento.

Como medicinales, los arrayanes machacados y deshuesados en agua azucarada, forman una bebida refrescante muy útil en las inflamaciones del estómago e intestinos, calma las nauseas y los vómitos, alivia la irritación estomacal producida por exceso de bebidas embriagantes y se recomiendan muy especialmente en casos de dia-rrea producida por esta misma causa. En otras palabras, es bueno para *"cruda"* o *resaca* de las borracheras.

Preparados en cocimiento en proporción de 50 grs. por litro de agua y azúcar al gusto, forman una excelente bebida contra los catarros, ya sean bronquiales o pulmonares, Este mismo cocimiento sin azúcar, es útil como antiséptico y cicatrizante y se usa para lavar llagas y heridas, las ulceraciones encarnan y sanan rápidamente, ya dijimos que a los arrayanes los comparan con la penicilina.

El cocimiento de 25 grs. de hojas del árbol en un litro de agua para lavados vaginales, se usa con muy buen éxito en la leucorrea (flujo blanco) y en casos de flojedad vaginal, aprovechando sus cualidades astringentes en forma inofensiva.

Caspa.- Cuece al gusto unos cuantos frutos de la planta en una taza de agua hirviendo y obtendrás una eficaz loción natural anti-caspa. Ten en cuenta que es posible que con este remedio se oscurezca el tono de tu pelo. Libros viejos resaltaban la propiedad del arrayán para frenar la caída del cabello o retrasarla.

Asma.- Una infusión de las ramas tiernas del arrayán es un muy buen remedio para abrir las vías respiratorias y reducir la posibilidad de sufrir un ataque de asma. De hecho, algunos fármacos contra esta enfermedad contienen aceite de la planta entre sus componentes.

Diarrea.- En forma de té (unos 25g. de las hojas por litro de agua), el arrayán alivia los calambres de estómago y endurece las heces.

Infección de orina.- Por su capacidad antibiótica, esta planta trata las infecciones de las vías urinarias, cistitis. Prueba a tomar un té bien caliente después de las comidas principales.

Myrtus communis. L

El Arrayán es sabroso en jugos, nieves y dulces y como medicina muy efectivo... ¡Come arrayanes!

Aprovecha sus propiedades y disfruta su sabor.

AGUACATE

El AGUACATE es el fruto del aguacatero (*Persea americana*) un árbol que alcanza unos 20 m de altura. Sus flores son de color verde muy pequeñas y su tronco rugoso de color pardo. Lo que más destaca son sus frutos, unas drupa en forma de pera de color verde oliva y superficie rugosa con una pulpa verde amarillenta y un hueso central muy grande, aunque hay variedades que no tienen hueso o tiene muy pequeño, pues existen aproximadamente unas 400 variedades de aguacate, de diferentes colores, formas y tamaños, llegando a pesar algunos hasta 2 kg.

Es originario de América central (Méjico y Guatemala), donde ya se cultivaba desde hace miles de años y era muy apreciado entre los Mayas y Aztecas. Hoy en día aparece cultivado en muchos países del mundo, siendo los principales: Estados Unidos, México, Brasil, Kenia, Sudáfrica, Israel y España. Es una planta que requiere un clima muy cálido por lo que en ciertos lugares debe cultivarse en invernadero. Entre sus muchas variedades tenemos:- Edranol y Ryan de Sudáfrica.- Bacon de España. - Fuerte y Mexicola de México.- Lula y Jim de Estados Unidos. - Queen y Naval de Guatemala. - Pinkerton de Israel.

El aguacate es rico en contenido de grasas, en algunas especies llegan al 30%, pero normalmente es entre un 10 o 15 %. La ventaja de estas grasas en que están formadas por ácidos grasos insaturados, (ácidos linolénico y linoleico fundamentalmente) por lo que, al igual que ocurre con el aceite de oliva, el pescado azul, el ajo o la manzana, nos pueden ayudar a contrarrestar los efectos perniciosos de las grasas saturadas contenidas en los aceites animales. Por lo que el aguacate puede ayudar a evitar la formación de colesterol, reduciendo el riesgo de sufrir alguna enfermedad vascular, como infartos o hemorragias cerebrales. Esto, gracias también a su alto contenido en *lecitina,* necesaria en el metabolismo de las grasas y muy útil en la lucha contra el colesterol y en la prevención de la arteriosclerosis. Son útiles estas grasas también en la prevención o tratamiento de enfermedades como el alzhéimer, la depresión o la esclerosis múltiple.

La vitamina D, abundante en el aguacate, es necesaria para regular la absorción de calcio y fósforo en el cuerpo e impedir la fragilidad de los huesos y de los dientes. Comer aguacate puede resultar muy útil durante el crecimiento para conseguir huesos sanos y una estructura del cuerpo correcta, evitando el raquitismo. Y en todas las etapas de la vida es muy recomendable su consumo por su aportación extra de minerales.

Durante la gestación y en la edad avanzada es útil para evitar la aparición de la osteoporosis.

Además de ser rico en vitamina D, tiene alto contenido de Vitamina E, un potente antioxidante y muy necesaria para el buen funcionamiento del corazón. Es muy rico en potasio, por lo que equilibra el consumo de otros productos ricos en sodio y contribuye a un buen estado del sistema nervioso. Tiene también el aguacate cantidades considerables de magnesio, calcio y hierro.

USO EXTERNO.- Usado externamente, el aguacate constituye un buen bálsamo ideal para tratar los problemas de la piel, especialmente eccemas, dermatitis, granos, manchas, o costras producidas por la psoriasis los que mejoran o se alivian aplicando una crema hecha pulpa aguacate o mediante la aplicación externa de aceite de aguacate.

Un buen medio y remedio barato para mantener una cara joven y sin arrugas consiste en ponerse una mascarilla de pulpa de aguacate y mantenerla antes de dormirse durante media hora sobre el rostro.

Además las propiedades emolientes (ablanda y suaviza) de su aceite, por propiedades antiinflamatorias se puede utilizar para combatir dolores de articulaciones, loa dolores de la artritis reumatoide y los ataques nocturnos de la gota.

COMER AGUACATE.- *Parásitos intestinales:* Con las semillas machacadas prepara un cocimiento que se utiliza para eliminar parásitos intestinales.

Emenagogo: Para favorecer la menstruación y regularizar su ritmo se toma té de hojas secas de aguacate.

Aparato digestivo: El té de las hojas también sirve para tratar la gastritis y los dolores de estómago

El mismo té de hojas se toma como remedio para la diarrea, dolor de garganta y la hemorragia y al parecer estimula y regula la menstruación.

Nota.- Se recomienda no prolongar mucho los tratamientos anteriores.

Las hojas se mastican como un recurso para la piorrea, gingivitis y calientes y aplicadas en la frente y en las sienes alivian la neuralgia.

El jugo de la hoja se dice que es antibiótico y también que ayuda regular la alta presión.

¡Bendito Aguacate!

ACEITE DE COCO

De la cabeza a los pies por dentro y por fuera el aceite de coco es bueno

En una gran parte del mundo, y de manera especial en todas las Islas del Pacífico, consideran el aceite de coco como cura para todas las enfermedades. La palma de coco es tan valorada por ellos como fuente de alimentos y medicinas que se le llama *"El Árbol de la Vida"*. ...

Entre la variedad de enfermedades que ayuda a curar el aceite de coco están: Abscesos, el asma, la calvicie, la bronquitis, contusiones, quemaduras, resfriados, estreñimiento, tos, hidropesía, la disentería, dolor de oído, fiebre, gripe, la gingivitis , la gonorrea, la menstruación irregular o dolorosa, ictericia, cálculos renales, los piojos, la malnutrición, náuseas, salpullido, sarna, escorbuto, infecciones de la piel, dolor de garganta, hinchazón, la sífilis, dolor de muelas, la tuberculosis, tumores, fiebre tifoidea, úlceras, dolor de estómago, debilidad, las heridas, etc. etc.

El aceite coco, como su nombre lo dice, es una sustancia grasa, aceite vegetal, conocido también como *manteca de coco,* que contiene cerca del 90% de ácidos saturados extraídos mediante el prensado de la pulpa o la carne de los cocos.

Se emplea mucho en la industria de cosméticos, pero también es muy usado en muchos platillos de algunos países asiáticos.

El aceite de coco virgen es mejor que la manteca y los aceites hidrogenados que se usan en muchos hogares. Además de añadir sabor es más saludable.

Varios estudios han encontrado que el aceite de coco acelera el metabolismo y no engorda tanto como otras grasas porque se le quema en el hígado.

El Aceite de Coco se mantiene líquido a partir de los 25 grados centígrados de temperatura. Por debajo de esa temperatura tiende a solidificarse, pero sus propiedades no se alteran al pasar de sólido a líquido ni viceversa.

Su color es blanco en estado sólido y transparente, ligeramente amarillo en estado líquido. Su acidez está por debajo del 2%.

Los ácidos grasos de cadena media (MCFA) abundantes en los cocos se digieren más fácilmente, y son utilizados de manera diferente por el cuerpo que las otras grasas. Mientras que otras grasas se almacenan en las células de cuerpo, los MCFA del aceite de coco se envían directamente al hígado, donde se convierte inmediatamente en energía. En otras palabras: cuando usted come coco y aceite de coco, su cuerpo lo utiliza inmediatamente para producir energía en lugar de almacenarlos como grasa en el cuerpo. Gracias a esta rápida y fácil absorción se aligera la carga de trabajo del páncreas, el hígado y el sistema digestivo, y el aceite de coco "acelera" tu sistema metabólico.

Como el aceite de coco acelera realmente el metabolismo, tu cuerpo quemará más calorías al día, lo que se traduce en una pérdida significativa de peso y un aumento de energía y vitalidad.

Cura contra el Estrés - Ayuda a aliviar la fatiga mental. Se aplica aceite de coco en la cabeza en un movimiento circular y un suave masaje. El aroma natural de coco es extremadamente calmante ayudando así a reducir su nivel de estrés.

Incremento de energía - el Aceite de Coco aumenta la energía y la resistencia por lo que es un gran complemento para los atletas, como aquellos que necesitan una rápida recuperación del esfuerzo.

Tonifica la piel – La vuelve más firme con menos flacidez.

Mejora la secreción de insulina y la utilización de glucosa en la sangre lo que es ideal tanto para los diabéticos y no diabéticos que quieran estabilizar su azúcar en la sangre antes de agudizar sus problemas de salud.

Enfermedades del Corazón – protege las arterias de las lesiones que causan la aterosclerosis.

Nariz sangrante – Hay hemorragia nasal que es causada por la sensibilidad a la intemperie, calor extremo y frío extremo. Cuando las vías nasales se resecan resultan quemaduras y grietas en las membranas mucosas y por eso sangra la nariz. Para evitarlo, pon un poco de Aceite de Coco en tus fosas nasales. Puedes untar su dedo con aceite de coco, acuéstate e introduce el dedo con aceite en la nariz. Este aceite fortalece y protege los capilares en los conductos nasales.

En cuestiones de belleza y similares, tiene muchas aplicaciones. Sirve para quitarse el maquillaje. Aclarar codos y rodillas. Ayuda con la resequedad del cuero cabelludo. Las damas, con un poco de aceite de coco en las piernas se pueden afeitar. Con el beneficio de que la afeitadora se desliza sin problema, logran unas piernas suaves y al mismo tiempo hidratadas, porque...

Hidratante: es el uso del aceite de coco más conocido. Debido a su agradable olor, consistencia ligera, rápida absorción y su versatilidad. Puedes usar el aceite de coco como un acondicionador profundo para el cabello o como desenredante... y como acondicionador o suavizante de cutícula.

Combate el acné: El aceite de coco contiene agentes microbianos, es decir, tiene la capacidad antibacterial de matar las bacterias sin irritar tu piel.

Asegúrate antes de aplicarlo, de limpiar bien tu cara.

Como aceite de masaje es fácilmente absorbido por la piel. Perfecto para pieles muy secas y talones agrietados.

Como ves, es bueno el aceite de coco... y no enumeramos todas las aplicaciones que se le pueden dar para beneficio de la salud.

VALERIANA

Un poco de historia. El nombre de valeriana viene del latín, *valere,* que significa "estar bien". Al despedirse se usaba decir *"vale", que estés bien.*

La Valeriana ha sido utilizada como hierba medicinal desde la antigua Grecia. Hipócrates describió sus propiedades y Galeno la prescribió, entre otras cosas, como remedio para combatir el insomnio. El médico griego Dioscórides la llamó *fu.* (Fuchi) por su desagradable olor.

En la Suecia medieval, a veces se colocaba en la ropa de boda del novio para evitar la "envidia" de los elfos. También en la edad Media se empleaba contra la epilepsia y se podía encontrar en todos los monasterios y palacios de Europa, en el botiquín de las importantes hierbas medicinales.

Nombres.- El nombre científico de la Valeriana es *Valeriana officinalis.* En inglés se llama *valerian* y *all hell*; en francés *valeriane officinale*; en italiano y en portugués se la llama igual que en español, aunque en portugués también le dicen *erva-dos-gatos.*

La valeriana goza de gran prestigio medicinal como uno de los mejores sedantes y relajantes naturales que no produce adicción.

Puede cultivarse con fines ornamentales, y en otras épocas se utilizó también como cosmético.

La valeriana pertenece a la familia de las *valerianáceas*. Es una planta perenne que puede medir entre 20 y 120 cm de altura. Su tallo es recto, totalmente hueco, y se ramifica en el extremo superior. Sus hojas son opuestas, divididas en segmentos con forma de lanza, con bordes dentados con pilosidad en la superficie inferior. Las flores son pequeñas color blanco-rosáceo, que se agrupan en umbelas terminales y frutos secos (aquenios) con penachos. Su rizoma es amarillo y cónico, y de él se desprenden gran número de raíces fibrosas de olor bastante desagradable. Con fines medicinales se utilizan el rizoma y las raíces, tanto frescas como secas.

Aunque existen muchas variedades de valeriana, sólo la especie tipo *officinalis* posee virtudes terapéuticas. Crece de manera silvestre en condiciones y terrenos húmedos.

Sus propiedades.- Considerada uno de los mejores sedantes y relajantes naturales: alivia la ansiedad y ayuda a bajar la tensión arterial.

También se recomienda para insomnio, jaqueca y dolor de

beza. Además, alivia los espasmos musculares y ha sido muy empleada en casos de epilepsia, además de ser recomendable en periodos menstruales.

Se considera también que tiene propiedades vermífugas, es decir, que actúa como expulsora de las lombrices intestinales. Externamente se la usa para la curación de llagas y heridas.

USOS Y PREPARACIÓN

Infusión contra el agotamiento nervioso: picar y mezclar 50 g de raíces de valeriana, 50 g de hojas de menta, 50 g de hojas de naranjo, 30 g de flores de tilo y 40 g de flores de manzanilla. Hervir una taza de agua caliente y verter una cucharadita de la mezcla de yerbas. Filtrar, endulzar con miel y beber caliente. Puede repetirse la dosis durante el día.

Infusión para la jaqueca: hervir un litro de agua y preparar una infusión con 20 g de valeriana, 35 g de diente de león, 10 g de hojas de limón y 10 g de menta. Filtrar y beber tres tazas diarias, natural o endulzada.

Decocción sedante y contra el insomnio: hervir 8 g de raíces frescas de valeriana en una taza de agua. Filtrar y beber por la noche antes de acostarse, natural o endulzada.

Infusión general: picar y mezclar 120 g de raíces de valeriana y 20 g de raíces de genciana. Hervir una taza de agua, verter una cucharada de esta mezcla y dejar en reposo durante media hora. Beber la mitad por la mañana y el resto por la noche antes de acostarse.

Decocción de uso externo: Colocar en un litro de agua, 80 g de raíces de valeriana. Calentar hasta que hierva. Filtrar y utilizar el líquido tibio en contusiones, llagas y heridas.

Decocción para cólicos y dolores intestinales: hervir 30 g de valeriana en ¼ de litro de agua, durante un minuto. Dejar 10 minutos en reposo. Filtrar y emplear el líquido en forma de lavativa.

Haga sus Cápsulas: picar raíces secas de valeriana hasta reducirlas a polvo. Rellenar cápsulas de 500 mg, que se pueden comprar en droguerías. Pueden tomarse 2 durante el día para calmar el estrés y la ansiedad, o una o dos a la noche contra el insomnio. Se utilizan también contra la epilepsia.

Baños: la decocción de uso externo también puede utilizarse para agregar al agua en baños de inmersión, con efecto sedante y fortificante.

Tisana.- Se prepara con la raíz fresca, machacando media onza y dejándola en agua un día.

Se pueden tomar hasta 2 vasos diarios, previamente colada, al natural o endulzada.

Vino de valeriana.- 150 g de raíces de valeriana, bien machacadas y lavadas, se añaden a 1 litro de vino de Jerez. Se remueve a diario durante 15 días y después se filtra. Se pueden tomar 2 ó 3 copitas al día.

Efectos secundarios.- En grandes dosis po-dría ocasionar efectos como: •Dolor de cabeza •Excitabilidad •Intranquilidad •Lentitud en los movimientos matinales.

Advertencias.-•No maneje u opere maquinarias peligrosas después de tomar Valeriana. • Disminuya la dosis en forma gradual durante unas dos semanas antes de dejar de tomarla completamente • Durante el embarazo o la lactancia evite su uso • Deje de tomar Valeriana por lo menos 2 semanas antes de someterse a un procedimiento quirúrgico

ARROZ

Es una planta acuática que pertenece a la familia de las gramíneas. Existen datos de que hace 5000 años ya existía el cultivo de arroz en China, aunque se sospecha que el arroz empezó a cultivarse mucho antes al pie del Himalaya. Desde China se extendió a otros territorios, como Tailandia, Camboya, Vietnam y el sur de la India. Posteriormente se extendió a otros países como Japón, Corea, Filipinas e Indonesia, entre otros. Por el año 700 fue introducido por los árabes en la península Ibérica y de allí paso al resto de Europa y a América. Y hoy en día constituye la base de la dieta de casi la mitad de la población mundial.

Existen diversas variedades de arroz, y dependiendo de la variedad puede ser blanco o ligeramente pardo. Aquí nos referimos más a las propiedades de la *Oryza sativa,* conocida también como arroz asiático.

Beneficios del Arroz.- Es un cereal que debería ser consumido por personas que realizan un gran esfuerzo físico e intelectual ya que aporta muchas calorías. Este elevado índice energético viene dado por su alto contenido en hidratos de carbono en forma de almidón. El almidón es muy tolerado por las personas diabéticas ya que se metaboliza lentamente, proporcionando al organismo la glucosa según la va necesitando.

No aporta todos los aminoácidos esenciales que el organismo necesita, por lo que el arroz es un cereal que debe estar acompañado de otros alimentos, como el pescado, la carne o la leche, para tener una dieta equilibrada en proteínas.

En la digestión : El arroz, Es recomendado en las diarreas infantiles, así como también en la enfermedad celíaca, la cual es una intolerancia al gluten del trigo, la cebada y el centeno, ocasionando la alteración de la mucosa del sistema digestivo.

Lo que los científicos han descubierto recientemente es que el arroz integral puede ser preventivo del cáncer de colon. Los autores del estudio han responsabilizado a la fibra, componente fundamental de este alimento.

Obesidad: Consumir arroz integral para evitar el sobrepeso. Ayuda a disminuir los triglicéridos.

Piedras en el Riñón: El salvado de arroz ayuda a eliminar y previene la formación de cálculos renales. Sin embargo el abuso en el consumo puede inhibir la absorción de calcio. Por ayudar a eliminar líquidos, ayuda en la curación de enfermedades de los riñones.

Durante el proceso de descascarillado (se elimina su cáscara), de ahí el nombre de ***arroz blanco***; lamentablemente este tipo de arroz ha perdido casi todas sus vitaminas, minerales, fibra y grasas. Aunque sigue conteniendo su almidón y sus proteínas.

Al *arroz integral* también se le ha quitado la cáscara, ha perdido parte de su salvado y del germen. Pero conserva una importante cantidad de vitaminas, minerales, fibra y grasas.

El arroz se utiliza para tratar la diarrea. Sin embargo, su consumo excesivo puede generar estreñimiento.

En la antigüedad, se hacía una papilla de arroz y se empleaba para diversos tratamientos en la piel o cura contra infecciones.

EL AGUA DE ARROZ.- (No es la horchata) Más energía, una piel más sana y pelo brillante son sólo algunos de los beneficios que se dice que se obtienen con esta antigua receta china que se está volviendo cada vez más popular en la civilización occidental moderna, y con sólo dos ingredientes baratos: agua y arroz.

Método de preparación.- Se recomienda usar el arroz orgánico que no ha sido alterado con blanqueadores químicos y que no tenga rastros de pesticidas, de otro modo tomarás enfermedades en lugar de salud.

La verdadera agua de arroz se obtiene al hervir el arroz en ella, por lo general en proporción de una parte de arroz por tres de agua, o una taza de arroz por litro de agua. Se puede beber mientras está caliente, endulzar un poco, o puedes dejar que se enfríe y tomarla así, o también utilizarla para lavarte la cara o el pelo con ella. He aquí algunos...

Beneficios del agua de arroz para la salud: Proporciona energía – Cura náuseas, vómitos y diarreas y Disentería– Estimula la producción de leche materna – Previene la gastroenteritis – Regula la temperatura del cuerpo – Previene y cura el estreñimiento – Buen remedio para irritaciones en la piel – Alivia enfermedades de fiebre – Dificultad o dolor al orinar – Ataca el mal colesterol, deshidratación y golpes de calor –

Beneficios cosméticos: – Lavando la cara con agua de arroz frecuentemente, tu piel será más suave – Es un excelente sustituto tónico – Ayuda a abrir los poros cerrados en la cara – Da brillantez y salud al pelo al lavarlo con el agua de arroz

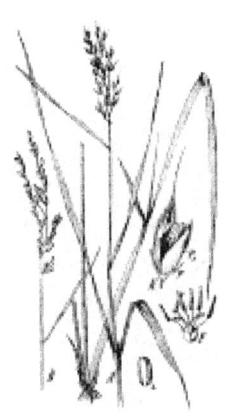

OLIVO

El olivo es un árbol de la familia de las oleáceas. Mide entre 2 y 10 metros de altura, de tronco y ramas grisáceos y retorcidos. Se ven viejos y muchos los son, porque su edad varía entre 300 y 600 años, pero hay olivos de 2 mil años. Tardan mucho tiempo en crecer y ser dar fruto (unos 15 años), pero a partir de los años, producen frutos en abundancia. Se cultiva principalmente en la cuenca del Mediterráneo pero está extendido por todo el sur de Europa, y en algunas regiones de América. El nombre científico es *Olea europaea*. En inglés se llama *olive-tree*; en francés, *olivier*; en italiano, *olivo*, y en portugués, *oliveira*.

Con fines medicinales, se usan la corteza, las hojas y el aceite de los frutos.

Los frutos, llamados aceitunas u olivas, (dependiendo de donde se quiera tomar el origen de la palabra: del árabe, aceituna; del latín oliva) son drupas carnosas, aceitosas y comestibles con una semilla dura en su interior. Tienen color verde o negro, según la variedad. Tienen un sabor acre que se elimina con compuestos químicos y la acción de la salmuera y ciertas hierbas aromáticas y son las que se destinan en general para el consumo humano directo, se pueden comer solas en forma de aperitivo o como ingrediente de numerosas recetas, especialmente en la cocina mediterránea.

Las olivas maduras, sobre todo las de color negro, se utilizan para la producción del aceite de oliva, que se obtiene al prensarlas. Tiene, dicho aceite tiene una textura claramente aceitosa muy característica y un aroma intenso y embriagante y es, generalmente, de un color ambarino ligeramente verdoso debido a restos de pigmentos clorofílicos.

Se le considera un alimento en extremo sano por su alto contenido de ácidos grasos monoinsaturados. Estudios científicos han demostrado que este tipo de lípidos contribuyen a eliminar el exceso de colesterol en la sangre, y esta evidencia ha extendido su consumo por todo el mundo durante las últimas décadas. Además es rico en antioxidantes naturales y vitamina E.

Recientes hallazgos médicos señalan que po-dría contribuir a regular de forma natural el nivel de la azúcar en la sangre; a optimizar la absorción de nutrientes estimulando el crecimiento y a controlar la tensión sanguínea.

Se utiliza como cualquier otro aceite, crudo, en ensaladas o para freír. Su aroma característico y su sabor le dan a la comida un sabor muy particular que encanta a todos los grandes chefs del mundo. Es la carta de presentación de la famosa dieta mediterránea, la cual tiene la fama de ser la más sana, equilibrada y recomendable del mundo.

Formas de uso.- En inflamaciones de riñones, estómago y vejiga, tomar algunas cucharadas de aceite puro antes de las comidas.

Para cólicos hepáticos, beber de 40 a 60 gramos diarios, se pueden añadir unas gotas de jugo de limón como aderezo. Comenzar con algunas cucharaditas por la mañana en ayunas.

Cocimiento par alas reumas: Hervir 50 gramos de hojas de olivo en un litro de agua, durante 10 minutos. Se entibia y se filtra y se toma durante el día. Este cocimiento también sirve para curar heridas, llagas o cualquier otra afección de la piel, lavando la parte afectada.

El té de hojas de Olivo es indicado para la hipertensión, taquicardias, aumenta el colesterol bueno, es antiviral y antibiótico.

Cálculos biliares, enfermedades del hígado: Tomar jugo de limón con aceite de oliva.

Laxante: Tomar 2 cucharadas de aceite en ayunas. Contribuye a la digestión.

Fiebre: Cocer veinte gramos de ramas o corteza de olivo por cada litro de agua. Tomar varias tazas al día.

Cutis marchito y arrugado: Mezclar una yema de huevo con una cucharadita

de aceite de oliva y agregar unas gotas de limón si el cutis es graso. Aplicar durante 15 minutos y retirar con leche o agua tibia.

Para tener un cabello suave y sedoso.- Mezclear10 cucharadas de miel de abejas, una taza de aceite de oliva y 2 cucharadas de jugo de limón, se hierve dicha mezcla. Al empezar a hervir se retira del fuego y se pone en un recipiente limpio, se agita con fuerza y se deja reposar por tres días sin que le dé la luz. Después de eso está lista para aplicarla en el cabello, masajeando de la raíz a las puntas y se deja actuar por 20 minutos. Una vez haya transcurrido el tiempo lave con abundante agua tibia y champú.

Cicatrices, heridas, úlceras externas, labios partidos, pezones agrietados: Cocinar ligeramente tres manzanas y macerar hasta obtener una crema. Agregar dos cucharadas de aceite de oliva, cereal de trigo y 10 almendras molidas, se mezcla muy bien y se aplica en la zona afectada hasta que sane.

Para cicatrizar heridas y úlceras: Mezclar el jugo exprimido de una manzana con aceite de oliva, se aplica sobre la zona afectada.

Estreñimiento: Como laxante en casos de estreñimiento severo, tomar medio vaso de zumo de acelga con una cucharada de aceite de oliva.

Enfermedades de la piel: En el caso de afecciones cutáneas, un triturado de lechuga con una cucharada de aceite de oliva aplicado en forma de cataplasma, ayuda a la mejoría y suaviza la piel.

El olivo es símbolo de paz. Está en el emblema de las Naciones Unidas, y de la madera del olivo se hacía el cetro de los reyes en la antigüedad... de nobleza el árbol y el fruto.

¡¡Aproveche sus beneficios!!

AMARANTO

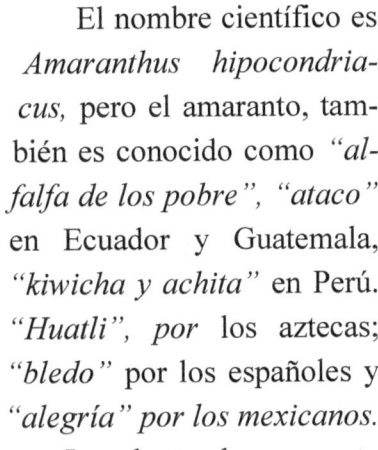

El nombre científico es *Amaranthus hipocondriacus,* pero el amaranto, también es conocido como *"alfalfa de los pobre", "ataco"* en Ecuador y Guatemala, *"kiwicha y achita"* en Perú. *"Huatli", por* los aztecas; *"bledo"* por los españoles y *"alegría" por los mexicanos.* La planta de amaranto es anual y alcanza los 2 metros de altura, terminando en una espiga de unos 50 centímetros a un metro de longitud, parecida al sorgo. Esta espiga está formada a su vez por muchas espiguitas formadas por numerosas florecitas pequeñas, que alojan una pequeña semilla, cuyo diámetro va de menos de un milímetro a uno y medio, y son esas semillitas el principal producto de la planta de amaranto, con ellas se elaboran cereales, harinas, dulces, etc.

Sus hojas son lanceoladas u ovales de color verde con pequeñas manchas rojizas. Las flores son anaranjadas, rosadas o púrpuras agrupadas en inflorescencias terminales. Hay unas 60 especies de esta planta y se usan en arreglos florales, pues tienen larga vida, amaranto en griego quiere decir *"flor que no se marchita"*, símbolo de inmortalidad. Aparte de adorno, también se usa en colorantes. **Todo se usa del amaranto:** • La verdura: de esta se obtienen las hojas para sopas y ensaladas. • Planta de ornato: para la elaboración de arreglos florales. • Grano: se destina para semilla, germinados, cereales, harinas e insumos industriales. • La paja: para forrajes para animales, abonos para los cultivos y camas para los cultivos de vivero.

El origen de la planta de amaranto se ha ubicado en Centro y Norteamérica (México y Guatemala) y Sudamérica (Perú y Ecuador). Junto con el maíz, el fríjol y la chía, el amaranto fue uno de los principales productos para la alimentación de las culturas precolombinas de América. Para los mayas, aztecas e incas el amaranto fue la principal fuente de proteínas y se consumía como verdura y grano reventado. Además estuvo muy asociado a los ritos religiosos, a los dioses y a la visión cósmica de estas culturas, motivo por el cual los españoles restringieron su cultivo y, como la chía, se mantuvo casi en el olvido, relegado como *comida del diablo*. Solamente en los lugares más apartados de la conquista española se mantuvo la producción de amaranto.

Una de las propiedades que se le adjudicaban era la de esparcir la felicidad, lo cual explica que se le dé el nombre de *"alegría"*. Los efectos estimulantes del buen humor y placidez se deben a la presencia de serotonina en el amaranto, una sustancia que estimula el estado de ánimo y combate la depresión y el desánimo.

El amaranto se consume principalmente como cereal reventado, del cual se elaboran productos como: alegrías, amaranto (cereal) reventado, granolas, tamales, atoles, pinole, mazapán, etc.

Existen otros productos elaborados como: cereales enriquecidos, tortillas, galletas, panqués, horchata, bebidas chocolatadas, hojuelas, harinas, etc.

PROPIEDADES ALIMENTICIAS.- El amaranto es un producto de origen vegetal muy completo. Una de las fuentes más importante de proteínas, minerales y vitaminas naturales: A, B, C, B1, B2, B3; además de ácido fólico, niacina, calcio, hierro y fósforo. Además, es uno de los alimentos con altísima presencia de aminoácidos como la ***lisina.***

La cantidad de proteína de la semilla de Alegría es mayor que la de los cereales. Contiene el doble de proteína que el maíz y el arroz, y un 20% más que el trigo.

MEDICINAL.- El amaranto ha sido aprovechado desde tiempos prehispánicos: las hojas se utilizaron para infusión contra la diarrea.

Por las altas propiedades nutritivas es recomendado para prevenir y ayudar a curar afecciones como la osteoporosis, el diabetes mellitus, obesidad, hipertensión arterial, estreñimiento y diverticulosis, insuficiencia renal crónica, insuficiencia hepática, encefalopatía hepática, alimento apto para celíacos, dieta para personas con autismo

Se recomienda a pacientes con problemas de dentadura, para ancianos, desnutridos y para cancerosos; en dietas que requieran mucha energía o muchas proteínas. Por su contenido energético también es beneficioso para pacientes con requerimientos elevados de calorías.

Los investigadores de la proteína *lunasin* esperan generar del amaranto mayor cantidad de la proteína para lograr un agente farmacéutico contra el cáncer.

Resumiendo.- El consumo habitual de amaranto te puede ayudar a regular el azúcar en la sangre, reducir el riesgo de problemas cardíacos y los desniveles en el colesterol, así como también constituye una buena forma para prevenir el cáncer de mama, la hipertensión y la osteoporosis, además de constituir un excelente estimulante del desarrollo muscular, especialmente recomendable durante la etapa de la niñez y la adolescencia, para retrasar los efectos del envejecimiento, reforzar el sistema inmune y apoyar los procesos de recuperación en casos de lesiones o convalecencia quirúrgicas.

Cuenta la historia que los antiguos griegos tenían al Amaranto como Planta sagrada y muy buena para evitar la maledicencia. Por eso en Roma, Virgilio aconsejaba a los poetas que se coronaran de amaranto, porque siempre estaban expuestos á las críticas de las malas lenguas.

En Grecia tenían el amaranto también por símbolo de la amistad, y a solían enviarse coronas de amaranto á las tumbas de los amigos muertos.

Se dice que Tesalo adornó con guirnaldas de amaranto la tumba de Aquiles.

El la palabra amaranto es palabra griega que viene de **a,** partícula privativa, y **marainein**, marchitarse; es decir, que es una planta que no se marchita, y una verdadera amistad no debe marchitarse.

El amaranto es "alegría" y es "vida" ... mejor y más larga... ***¡¡¡¡Aprovéchalo!!!!***

ESPINACA

La espinaca *(Spinacia oleracea)* es una planta anual herbácea con hojas comestibles, de un color verde intenso, que pertenece a la familia de las Amarantáceas.

Las espinacas tienen su origen en Persia, y curiosamente no se conocían en la Grecia y Roma antiguas. En España fueron introducidas en el siglo XI por los árabes, que las llamaban *"ispanah"*, de donde deriva su nombre actual, y que ellos ya utilizaban en la cocina y en la medicina. De España pasó su cultivo en el siglo XV a Francia y, más tarde, su consumo se extendió por toda Europa.

La planta consiste en un conjunto de hojas lisas o rizadas, de color verde oscuro y brillante, dispuestas en roseta que surgen de un tallo más o menos ramificado.

Es un cultivo que necesita humedad, porque agua es lo que abunda en sus hojas.

Propiedades nutricionales

• Alto contenido en agua (89%). • Minerales: es una de las verduras con mayor proporción de hierro. Alto contenido en calcio y potasio. También sodio y magnesio. • Vitaminas: alto contenido en vitamina A, y ácido fólico. También contiene ácido ascórbico o vitamina C, vitamina B6, y riboflavina y vitamina E.

Se usan mucho en ensaladas pero se puede preparar de variadas formas. Su jugo recién preparado es muy nutritivo.

Beneficios del comer Espinacas.-

Inflamaciones intestinales ❀ Estreñimiento: Tónico para personas débiles o convalecientes. ❀ Ayudan a curar Neuralgias ❀ Tónico del sistema nervioso ❀ Purifican la sangre. ❀ Pueden prevenir el cáncer de hígado, colon, próstata, mama. ❀ Son de gran ayuda para bajar de peso, para disminuir la presión sanguínea, fortalecer el corazón y prevenir defectos de nacimiento.

Por su alto contenido de betacaroteno la espinaca es buena para prevenir cáncer de pulmón, de estómago y de la boca así como para prevenir enfermedades del corazón y ayudar a mantener buena vista.

Una taza de espinacas cocidas produce un poco más de 40 calorías con más del mil por ciento de los requerimientos diarios de vitamina K, en una sola taza.

La espinaca se ha usado en la medicina ayurvédica desde hace siglos y se le conoce por ser medicina refrescante, especial para el cutis.

Se usa como remedio para el dolor de cabeza, colocando una compresa de espinacas sobre la frente, y hasta la fecha se utiliza también como remedio contra el insomnio. Tiene fama en el ayurveda de ser afrodisíaca y también de que su consumo ayuda a disminuir la pérdida del oído en los hombres mayores de 60 años.

Se recomienda consumir la espinaca cruda o cocida en caso de anemia o fatiga, eso por su alto contenido de hierro. Muchos recordarán que en las caricaturas de *Popeye el marino,* eran la fuente de su poderosa fuerza.

Aumentan los niveles de hemoglobina. Estimulan el buen funcionamiento del sistema circulatorio. Ayudan a eliminar el colesterol. Ayudan a la buena visión y previenen de las cataratas. Mantiene estables los niveles de presión arterial. Fortalecen los músculos. Ofrecen beneficios neurológicos, entre ellos la reducción de riesgo de contraer el mal de Alzheimer. La espinaca tiene la propiedad de proteger las membranas mucosas del estómago y, por tanto, prevenir la aparición de úlceras gástricas. Tanto consumir espinaca frecuentemente, como mascar sus hojas, es un tratamiento excelente contra las caries y para prevenir cualquier infección bucal y dental.

Recomendación.- El consumo de espinacas crudas, aunque es una forma popular de hacerlo, no es lo mejor, pues cuando se comen crudas, contienen ácido oxálico que puede dañar los vasos sanguíneos. Cuando se consumen grandes cantidades de espinacas crudas, a algunas personas les pueden producir ataques de gota, artritis y reumatismo, saliendo peor el remedio que la enfermedad. Estos ácidos pueden producir cálculos en los riñones y en la vesícula, así como disminuir la función renal. La mejor forma de comerlas es cocinadas al vapor o ligeramente sofritas para que el ácido oxálico se disminuya. Es recomendable tirar el agua en que se cocieron las espinacas donde se concentra el ácido y hasta pueden enjuagarse antes de comerse. Aún así, conservan sus poderosas propiedades nutritivas y curativas.... y siempre es buena la moderación.

¡¡Coma espinacas, son buenas!!!

TÉ DE LIMÓN

Lemongrass, en inglés; pero el nombre científico es *Cymbopogon citratus* para esta planta herbácea, conocida popularmente como *té de limón, zacate* o *hierba limón*, mide de 60 a 120 cm. de altura. Sus hojas son alargadas como listones y despiden agradable aroma ácido y fresco si se estrujan. Las flores están agrupadas en espigas y se doblan como las hojas.

HISTORIA.- Es natural de la India, Ceilán y Malasia. Desde la antigüedad se ha usado en la medicina tradicional hindú contra la fiebre y las enfermedades infecciosas y para ahuyentar los insectos.

India fue el principal país exportador de aceite esencial de *Té de Limón* hasta los años cuarenta del siglo pasado.

Las hojas se deben dejar secar en lugar fresco, aireado y a la sombra. Después se almacena en frascos herméticos y guardados a la sombra. Este material seco también puede servir para la extraer el aceite esencial. Para eso, se dejan orear las hojas en el campo o sobre el corte de las matas durante 20-24 horas.

Se pueden usar las hojas enteras o se pueden picar en trozos pequeños. Luego se destila y se procede a la extracción de su aceite esencial. El tiempo de destilación dura normalmente entre dos y tres horas.

Uso interno: Tomar té de limón, controla los espasmos musculares, regula la presión sanguínea, ayuda en caso de convulsiones, es analgésico, bueno contra vómitos y náuseas, contra la tos, en especial la tos reseca, alivio para las reumas, antiséptico, contra gases y flatulencias, digestivo, etc...

Aplicaciones.- En la medicina ayurvédica la preparación del té de limón con pimienta se ha utilizado para aliviar los problemas menstruales y náuseas. El té de limón estimula la transpiración, que es el sistema de refrigeración del cuerpo en verano, y baja la fiebre. Alivia los padecimientos nerviosos y es estimulante en caso de agotamiento, en caso de fiebres, tos, gripa y dolor de cabeza.

Es muy usado el té de limón en casos de dolor de estómago. También se le atribuyen propiedades para aliviar el vómito, la mala digestión y la diarrea, gases y espasmos intestinales.

Se ha encontrado que el té de limón es eficaz contra varias cepas de bacterias y muchos tipos de hongos.

Usando cápsulas de aceite de té de limón se descubrió que, si bien, los niveles de colesterol fueron afectadas sólo ligeramente, en algunos de los participantes de un estudio, el colesterol se redujo desde 310 a 294 en promedio, y después de tres meses, los niveles de colesterol entre algunos de los estudiados habían disminuido significativamente por 38 puntos.

También se ha estudiado el efecto de *citral,* una molécula que se encuentra en el té de limón, tanto en células normales y cancerígenas. Usando concentraciones equivalentes de citral a la cantidad en una taza de té (un gramo de hierba de limón en agua caliente), los investigadores observaron que el *citral* del té de limón induce la muerte celular programada en las células cancerosas, mientras que las células normales resultaron ilesas. Son sólo estudios, pero no daña usar té de limón.

Uso externo.- Hidratante, desintoxiante linfático, fortalece el tejido conjuntivo. La hierba (o su aceite esencial) se puede aplicar externamente para ayudar en el tratamiento de acné, pie de atleta, dolor lumbar, ciática, esguinces, tendinitis, neuralgias y reumatismo.

Para el tratamiento de trastornos circulatorios, se recomienda frotar unas gotas de aceite de hierba de **té de limón** en la piel de las zonas afectadas, pues se cree que mejora el flujo sanguíneo.

Considerado un antiséptico y astringente, el aceite esencial de **té de limó**n también es utilizado por algunas personas para limpiar piel grasa y ayudar a cerrar los poros.

El té limón se puede utilizar también como un desodorante. Se usa en fragancias.

Esta hierba es un ingrediente importante en varios productos diseñados para mantener a raya a los insectos. Se recomienda frotar la hierba triturada directamente en las áreas expuestas de la piel para evitar las picaduras de insectos.

También, en infusión o en aceite esencial, se puede usar como shampoo para mascotas. Da un aroma limpio y aleja a las pulgas. También un buen repelente para mosquitos.

En Indonesia, Malasia, Sri Lanka y la India y se utiliza ampliamente en los platos salados con carne, aves, mariscos y verduras curries. Hace buena pareja con la leche de coco, sobre todo con pollo o mariscos. También se utiliza el té de limón en encurtidos y escabeches aromatizantes.

Con buen aroma y agradable sabor y muy benéfico para la salud... ¿Qué otras razones necesitas para consumir Té de Limón?... Sí, también es barato...

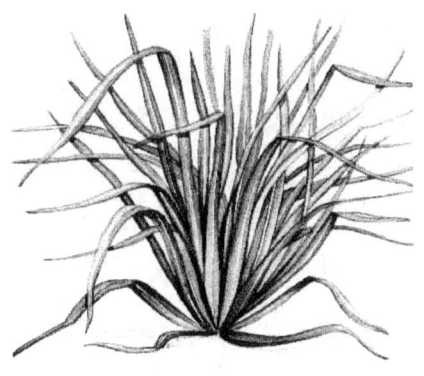

FRIJOL NEGRO

HISTORIA.- Los frijoles negros son una legumbre muy nutritiva y hoy día se consume en todo el mundo. Su origen se remonta al Perú precolombino, de donde pasó a Europa.

CONTENIDO NUTRICIONAL.- Los frijoles negros son ricos en fibra, tanto soluble como insoluble y proporciona vitaminas y minerales, antioxidantes flavonoides y ácidos grasos omega-3. Otra de las propiedades de los frijoles negros es que contienen grandes cantidades de fibra y de minerales, entre ellos el molibdeno, cuya función principal es desintoxicar al organismo del sulfito proveniente de distintos alimentos, lo que puede conducir a infartos y dolores de cabeza, entre otros trastornos. También es un producto rico en hierro, muy favorable para prevenir la anemia; calcio, esencial para la formación y mantenimiento de huesos; potasio, regulador de la presión arterial, y otros minerales tales como: magnesio, fósforo, zinc, etc.

BENEFICIOS PARA LA SALUD
Ayudan a mantener el nivel de azúcar en sangre
• A desintoxicar y eliminar toxinas del organismo.

• A combatir el envejecimiento prematuro

• A prevenir enfermedades degenerativas como la demencia, Alzheimer, arteriosclerosis entre otras.

• A prevenir el desarrollo de afecciones como cáncer, problemas de vista y trombosis.

• A incrementar el peso a personas con bajo peso, por tener muchas calorías.

• A prevenir la anemia

• A prevenir el estreñimiento

• A regular el colesterol

Aporta proteínas de calidad por lo que es recomendable para vegetarianos

Los frijoles negros tienen muchas calorías: basta con tomar media taza de este plato para obtener 140 calorías. Si combinamos esto con la realización diaria de ejercicios moderados (10 minutos) pues lograremos un balance ideal de peso corporal y salud.

Por su gran cantidad de proteínas, el frijol negro es ideal para reponer el desgaste muscular. Al igual que la carne, los frijoles negros pueden proveernos de todos los aminoácidos que el organismo necesita, pero a diferencia de esta, contiene muy poca grasa saturada y nada de colesterol, lo cual los hace especialmente saludables.

Antioxidantes.- Los frijoles negros contienen más antioxidantes que ninguna otra legumbre. En este sentido puede compararse con frutas como las manzanas y las uvas. Los antioxidantes eliminan los radicales libres y previenen el crecimiento de células cancerígenas en el cuerpo, así como la formación de distintas enfermedades

Fibra.- Los frijoles negros son ricos en fibra, tanto soluble como insoluble. La primera mantiene bajo el colesterol, así como regula los niveles de azúcar del organismo y los procesos circulatorios, lo que los hace ideales para los pacientes diabéticos y con metabolismos de glucosa irregulares. La segunda regula el aparato digestivo y previene los constipados. Las personas que padecen diverticulosis y otros trastornos en el colon favorecen su curación incluyendo dicha legumbre en su dieta habitual.

Minerales.- Los frijoles negros contienen grandes cantidades de minerales, entre ellos el molibdeno, cuya función principal es desintoxicar al organismo del sulfito proveniente de distintos alimentos, lo que puede conducir a infartos y dolores de cabeza, entre otros trastornos. También es un producto rico en hierro, muy favorable para prevenir la anemia; calcio, esencial para la formación y mantenimiento de huesos; potasio, regulador de la presión arterial, y otros minerales tales como: magnesio, fósforo, zinc, etc.

Las *antocianinas* son pigmentos flavonoides que dan color a muchos frutos negros, bayas y legumbres, y brindan extraordinarios beneficios para la salud. Las *antocianinas* y otros flavonoides presentes en los frijoles negros también pueden prevenir los signos del envejecimiento prematuro.

RESUMIENDO:- Los frijoles negros ayudan al tracto digestivo • Ayudan a controlar la azúcar en la sangre • Ayudan en la salud del corazón y la buena circulación de la sangre • Previenen algunos tipos de cáncer • Ayuda en el sistema nervioso.

Son muy sabrosos y muy completos en su composición nutritiva... menos dañinos y menos caros que la carne...

¡Siga comiendo frijoles, alimento de nuestra raza!

ALBAHACA

Es una hierba aromática, nativa de India, Irán, y regiones tropicales de Asia, que se cultiva desde hace unos 5,000 años.

El nombre científico es *Ocimum basilicum* y podría derivar de la palabra griega "basilicòn", que quiere decir real. Su nombre En inglés se le llama *Basil, Thai basil, or sweet basil*; en francés *basilic*, en italiano *bacilico* y en portugués *alfavaca o manjericao.*

Existen diversas especies cultivadas alrededor del mundo, no sólo por sus apreciadas virtudes en la gastronomía, sino también por sus bondades medicinales, y en algunas partes por los poderes espirituales que le atribuyen.

De la India fue llevada a Europa primero a los griegos y después a los romanos.

En Egipto fue utilizada como uno de los componentes del bálsamo usado para la momificación.

Para los romanos, además de ser el símbolo de los enamorados, era uno de los olores usados en la cocina. Según la tradición cristiana, el olor de la albahaca guió a Santa Helena hasta encontrar la Santa Cruz.

BENEFICIOS DE LA ALBAHACA.- Para disolver o madurar los **tumores y ulceras bucales**, se muelen las hojas y se aplican en forma de cataplasma en la parte afectada. Unas cuantas hojas masticadas pueden curar otras infecciones de la boca.

Para calmar el **dolor de cabeza**, se prepara un té con 30 gramos de hojas de albahaca en una taza de agua hirviendo. Se dejan reposar unos 5 minutos. Se toma bien caliente.

Tomar tres tazas al día este mismo té puede servir como **afrodisiaco** para levantar la energía vital y sexual.

Para calmar los **dolores de oído**, se muelen las hojas frescas. Con el jugo que se extrae se empapa un algodón y se coloca en la entrada del oído (sin introducirlo) de forma que el líquido pueda salir y entrar, poco a poco, en el conducto auditivo.

Para aliviar la **digestión difícil**: Se hierven durante un minuto en medio litro de agua 20 g de hojas de romero y 5 g de hojas de albahaca. Se cuela, se endulza y se bebe la decocción caliente, la mitad al final del almuerzo y la mitad al final de la cena.

Sirve hasta para **ahuyentar moscas, mosquitos** y zancudos (repelente): Se cuelgan en las paredes y el techo ramitas de albahaca. Igualmente, esta planta ayuda a **desinflamar picaduras de insectos**. Se machacan las hojas de albahaca y se hace una cataplasma que se coloca sobre las picaduras.

OTROS USOS POPULARES.- La albahaca pulverizada se ha utilizado mucho como el **rapé para provocar el estornudo**.

Entre los empleos más populares está el de condimento en guisos, sopas, etc., a los que da un gusto y aroma exquisitos.

En muchos sitios de veraneo existe la tradición de comprar una macetita de albahaca para combatir las plagas de insectos (como las de hormigas) y mosquitos, quizás por el olor penetrante que desprende la presencia en la planta del estragol y el eugenol.

El Aceite esencial de albahaca es bien conocido por ser un estimulante para la mente.

Otras propiedades terapéuticas de albahaca incluyen **calmar el malestar estomacal,** y como un anti-espasmódico leve de los músculos, por lo que es un aceite útil para su uso en un masaje.

Las hojas son un **tónico para los nervios y agudiza la memoria**.

Promueve la eliminación de la materia catarral y la flema de los bronquios.

Las hojas fortalecen el estómago e inducen a la transpiración abundante.

Para aliviar la faringitis, heridas, eczemas, inflamaciones osteoarticulares, dolores musculares, dolor de cabeza (masajear la sien con hojas).

Estudiantes hay que suelen tener una botella de aceite de albahaca sobre el escritorio para olfatear durante los exámenes, para mantenerse alerta.

Cálculo Renal: La albahaca tiene un fuerte efecto en el riñón. En el caso de cálculos renales el jugo de las hojas de albahaca y miel, si se toman regularmente durante 6 meses, puede hacer que se expulsen las piedras del riñón a través del tracto urinario.

Para el estrés, masticar 12 hojas de albahaca dos veces al día para prevenir el estrés.

Purifica la sangre y ayuda a prevenir varios elementos comunes

Dolor de cabeza: Un té de 30 gramos de hojas de albahaca en un litro de agua.

Para aliviar la **menstruación dolorosa**: Sumergir 2 cucharadas de hojas de albahaca secas en medio litro de agua hirviendo. Dejar reposar por 5 minutos y luego beberla.

Para mejorar la digestión **y el insomnio**: Té de hojas secas, deje reposar entre 10 y 15 minutos. • Para controlar la **caída del cabello:** Prepare un té de hojas frescas de albahaca. Deje reposar hasta que se tibie y con las manos exprima las hojas para sacar la mayor cantidad de zumo y con ese té hacer masajes en el cuero cabelludo. • Tome té de albahaca para

inflamaciones y dolores de garganta • Té de albahaca para sequedad del vientre....

Y para muchas cosas más es buena la Albahaca,
por eso hay quienes la tienen como ***planta sagrada***

PAPAS

Las papas o patatas son un tubérculo de la familia de las solanáceas que se cultiva en climas templados y moderadamente fríos. Existen cientos de variedades por todo el mundo. La patatas se cultivaban en Los Andes desde hace miles de años y de allí salieron al mundo, y en poco tiempo se convirtieron en uno de los alimentos importantes de la humanidad, siendo en la actualidad el quinto alimento más consumido a nivel mundial, por la sencilla razón de que su contenido satisface muchas necesidades del organismo humano, es decir: es un buen alimento.

El nombre científico es *solanum tuberosa*; en inglés, *potato*; en francés *beetise* o *pomme de terre,* y en portugués *batata.*

Gran parte del contenido de las papas es agua, (un 80% aprox), además tienen hidratos de carbono complejos, por eso se debe moderar el consumo en casos de diabetes; poseen vitaminas C, A, B1, B2, B6, B9, PP, y un alto contenido de minerales como el potasio y el fósforo, y en menor cantidad otros minerales como el hierro, magnesio, calcio y sodio.

Muchos de estos componentes se pueden perder durante su preparación, por eso la forma más recomendada de cocinarlas es al vapor, o con poca agua y con la cáscara, ya que ésta tiene un efecto impermeable y evita que sus nutrientes se pierdan, de hecho, los expertos recomiendan consumir también la cáscara, pues en ella se encuentran muchos nutrientes .Sea que se use como alimento o como remedio medicinal.

Por su contenido en vitamina C la papa nos aporta antioxidantes que combaten los radicales libres

Aparte de ser buen alimento, por sus propiedades medicinales se recomienda el consumo de papas especialmente cuando hay problemas hepáticos, estomacales (incluyendo ardor de estómago), cistitis, prostatitis o cálculos renales. También poseen potasio, por eso son muy benéficas para regular los casos de hipertensión, además de que por su acción diurética se recomiendan en casos de gota. También ayuda el comer papas a evitar los calambres musculares

Se deben evitar las partes verdes de las patatas, hay que recordar que son de la familia de las solanáceas y contienen *solanina,* que puede causar cierta intoxicación. También las papas tienen una pequeña cantidad de *atropina,* que es letal en cantidades grandes, pero en pequeñas dosis tiene un efecto antiespasmódico que alivia el dolor intestinal y otros.

Las hojas se emplean contra la leucorrea (flujo blanquecino que proviene de las vías genitales de la mujer); También como diuréticas y para afecciones de las vías urinarias. Hay que tener en cuenta que las hojas son un narcótico, (provocan sueño)

ALGUNOS MODOS DE USO

Compresas para quemaduras solares y demás.- Rallar una papa cruda y poner como compresa sobre la zona afectada, 2 o 3 veces diarias. Se puede usar la pasta de papa sola o amasada con leche. También pueden usarse rodajas. Estas compresas también sirven para erisipela, la urticaria y quemaduras en general. Baja la inflamación, detiene sangrados y ayudan a cicatrizar las heridas, daños en la piel causados por congelación, golpes, torceduras o incluso moratones y ampollas. Para los casos de acné, se aplica la cataplasma como una mascarilla sobre el rostro y se deja actuar durante 20 minutos. Después se aclara con agua tibia.

Cocimiento contra la tos.-

Hervir 20g de hojas de patata, 40g de hojas de salvia y un poquito de miel, en un litro de agua, durante 15 min. Filtrar y tomar una taza cada 3 horas.

El cocimiento de hojas y flores secas es anticonvulsivo, se usa como remedio para los ataques, desmayos, encogimientos y temblores y es de ayuda contra la epilepsia. Se prepara media cucharada y un litro de agua.

Un té con las cáscaras de dos papas es bueno contra los cálculos biliares.

Ojeras, ojos cansados o hinchados.-

Se pueden aliviar con sólo poner una rodaja de papa cruda sobre la zona durante unos minutos.

El jugo de la papa tiene muchas aplicaciones.-

El jugo de la papa, es inmejorable para curar las ulceras del estómago y es bueno para aliviar rápidamente la acidez estomacal. Para estas dolencias se toma en ayunas una cucharada del jugo diluido en medio vaso de agua.

El jugo de los tallos tiernos es un excelente colirio, se utiliza para extirpar nubes y carnosidades de los ojos. También se recomienda en caso de carnosidad en los ojos, ponerse en ellos 2-3 gotas del jugo de papa negra mezclando con miel de abejas.

La cáscara de papa tiene muchos usos.-

Contra golpes contusiones y dolor de espalda se utiliza la cáscara de papa en emplastos.

Use siempre su sentido común y si no está seguro, pregunte a quien más sabe, su médico.

TOLOACHE

Datura stramonium.

De la especie de las Daturas *(Inoxia, Metel, Estramonio, Ferox)*, llamada vulgarmente *chamico, cardo cuco, yerba del diablo* y también *trompeta de ángel* al igual que al floripondio pariente cercano del toloache y que pertenecen a la familia de las Solanáceas.

El toloache es un arbusto de entre 60cm y metro y medio de alta, sus hojas y tallo despiden un olor tan desagradable que pocos insectos soportan, motivo por el que la planta siempre se ve lozana. Sus flores son alargadas y en la mayoría de las especies de color blanco, a veces con tonos rosados o violeta. Se reproduce mediante cápsulas espinosas del tamaño de una pelota de golf que contiene numerosas semillas, que germinan con las primeras lluvias veraniegas.

Las Daturas poseen altos niveles de escopolamina y atropina en sus tejidos; los alcaloides tropánicos como la escopolamina tienen una acción anticolinérgica en el organismo que en altas cantidades puede provocar la muerte.

La intoxicación con toloache produce una completa inhabilidad para diferenciar la realidad de la

DIPSACVS ALBVS   Waiß kartendistel.

fantasía lo que se llama delirio, en contraste con la alucinación.

Produce hyperthermia; taquicardia; actuar violento y bizarro; mydriasis severa con dolorosa fotofobia (miedo-aversión a la luz) que puede durar varios días. Amnesia pronunciada es otro efecto que ser reporta con frecuencia. Puede haber variaciones en las toxinas de una planta a otra según la edad de la planta, dónde creció y el clima.

El uso de las daturas se remonta a unos 7 mil años a.C. Muchos de los rituales religiosos primitivos de adivinación y de caza eran elaborados con plantas solanáceas como las daturas, la belladona y la mandrágora, que prometían vislumbrar la presa y la temporada de caza que conve-nía a la tribu o el clan.

Los curanderos y hechiceros egipcios conocían propiedades y efectos de las solanáceas y daturas que aplicaban en forma de ungüento, que ulteriormente fueron utilizadas ampliamente en la hechicería medieval.

Los griegos al igual que los egipcios, conocían ya las cualidades curativas y delirógenas del toloache. Dioscorides, sabio griego de la etnobotánica, habla al respecto *"Bebida con vino una dracma (3.2 gr.) de su raíz provoca imágenes vanas y agradables a los sentidos, si se dobla la dosis provoca enajenación y locura durante tres días, y si se la cuadruplica produce la muerte".*

Desde la antigüedad se ha usado en el parto para ayudar a la madre a dar a luz sin tanto dolor. En ungüento era utilizado para dolores reumáticos.

La escopolamina contenida en sus tejidos es un buen expectorante y las hojas fumadas en cigarrillos ayudan a aliviar el asma y la tos, pequeñas ramas secas y masticadas en la noche ayudan a conciliar el sueño, se tiene registro que eran utilizadas fuera del ámbito religioso por la población en general como medicina tradicional popular, además en la Edad Media, muchas de las curanderas o brujas de la época tenían en sus alacenas botánicas algo de mandrágora y daturas, que al ser plantas que conducen a estados alterados de conciencia en cierta cantidad provocan alucinaciones y delirios, lo que la iglesia utilizó como justificación para la cacería de brujas

En México la planta desde la época prehispánica ha servido de materia prima para los mitos y leyendas de los pueblo indios. La palabra *toloache* proviene del náhuatl **toloatzin** que significa, cara agachada, o cabeza mirando al suelo.

Las tribus del norte la usaban en ceremonias del pasar los varones de la adolescencia a la juventud.

Para los Huicholes sigue siendo planta de los dioses y los Tepehuanes consideran al toloache como el esposo de la mujer maíz y yerno del sol.

Los efectos del toloache en la magia amorosa son bien sabidos en la cultura popular. Se cree que puede provocar severos trastornos mentales debido a los alcaloides tóxicos que contiene la planta, de ahí que dentro de las pócimas amorosas de la magia popular figure el toloache como ingrediente constante.

Existe la creencia de que las esposas pueden domar al marido más bronco con té de toloache, y al ver a un marido obediente a la esposa se dice que *"ya le dieron su agüita de toloache"*

La dosis activa de la escopolamina ronda los 10mg, pero sobrepasando los 100mg causa la muerte. Muchos de los curanderos conocen el uso y las cantidades que se deben subministrar en la medicina tradicional, un conocimiento heredado que es parte de la cultura del país, que se trasmite de generaciones a lo largo del tiempo. Es por eso que el neófito que busca solo la recreación con los toloaches puede sufrir severos trastornos mentales e incluso llegar a caer en coma y morir por intoxicación. La planta es de cuidado.

Todas las plantas con muchos poderes curativos tienden a tener también muchos poderes dañinos. El toloache es una de esas, por lo que se recomienda no usarla, si no se está bien seguro de la forma de utilizarla, porque sus efectos pueden y siguen provocando muertes. El que estas líneas redactó vivió en familia la muerte por envenenamiento de una pequeña hermana que comió las semillas del toloache confundiéndolas con otras que sí eran comestibles.

Accidentes se han dado muchos, Es una planta que merece respeto por su poder y por su tradición.

ESPÁRRAGO

El espárrago, *Asparagus officinalis* es su nombre científico, que viene del griego *"spargan"*, que significa "brote".

Se cree que los espárragos tienen su origen en las riberas del Tigris y el Eúfrates (hoy Irak). Hace 6,000 años, en el antiguo Egipto, se consumía habitualmente, como reflejan pinturas que se han encontrado en antiguas tumbas.

Los antiguos griegos y romanos extendieron su cultivo por toda Europa, pues valoraban en gran forma los espárragos como una exquisitez culinaria, y se afirma que eran el plato favorito del emperador Augusto.

En la Edad Media cayeron en el olvido, como muchas otras cosas. En el Renacimiento volvieron a popularizarse y se les atribuyeron muchas propiedades.

El espárrago es una planta herbácea perenne, y está formada por tallos aéreos ramificados y si se cubren de tierra y quedan a oscuras hasta el momento de cosecharlos serán blancos, mientras que si se dejan crecer de forma natural al aire libre y con la luz del sol, se pondrán verdes.

Los espárragos verdes son más delgados que los blancos y se caracterizan por ser más amargos t tener un fuerte aroma y una textura flexible y carnosa.

También hay espárragos morados, que son ricos en un pigmento, la antocianina, y son más fuertes de sabor y algo más amargos.

Propiedades nutricionales de los espárragos.

• *Vitaminas:* tienen alto contenido de vitamina E. También contienen niacina, vitamina A y ácido ascórbico o vitamina C.

• *Minerales:* tienen potasio, calcio y, en menor proporción, hierro y magnesio.

• Su más alto contenido es agua (94%).

Pueden prepararse de muchas maneras y de todos modos son sabrosos y nutritivos.

Al adquirir manojos de espárragos deben elegirse aquéllos que tengan la parte inferior del tronco abultada, como hinchada y las puntas de los brotes estén cerradas. En el refrigerador pueden conservarse de dos a tres días.

Los espárragos son una buena fuente de fibra y de ácido fólico, lo que significa que ayudan a mantener la piel más saludable y resistente. Tienen además cromo, oligoelementos que mejoran la circulación de la sangre y por si eso fuera poco, también tienen vitaminas A, C, E y K.

Al igual que otros vegetales como la col, los espárragos son desintoxicantes y ayudan a descomponer los agentes cancerígenos del cuerpo, pues ayuda a neutralizar las células que dañan y envejecen el cuerpo.

Por su contenido de ácido fólico y vitamina B12 ayuda a mantener el cuerpo más joven y sano, también ayudan mucho a reducir e incluso evitar el deterioro cognitivo del cerebro. Para mantenerse alerta de viejo, coma espárragos, que no se le olvide.

Los espárragos son también un diurético natural, ayudan a facilitar la fluidez del sistema urinario. Son muy buenos sobre todo para aquellos que sufren de edemas y problemas de presión arterial.

El escaso contenido en hidratos de carbono hace que los espárragos sean apropiados para el régimen de los diabéticos, si acompaña los espárragos con huevo tienen un alimento de gran valor para dichos enfermos.

Por último, contienen celulosa, que es imposible de digerir y actúa como excitante del intestino, por lo tanto acelera el trabajo del intestino grueso, lo que beneficia a los obesos y a los enfermos del intestino.

A veces sucede que al comer espárragos el olor de su orina se torne un poco fuerte, no se alarme, no es nada malo, sino de la eliminación de sales.

En la medicina natural la raíz de los espárragos es utilizada para tratar la infertilidad, la impotencia, los síndromes de menopausia y enfermedades de tipo infeccioso como el herpes y la sífilis. Hidropesía, reumatismos, ictericia, enfermedades del hígado y del corazón.

Cocimiento de 15 gramos de raíces de espárragos en medio litro de agua, colar muy bien su caldo. Tomarlo varias veces durante el día

¡Y sólo tiene que comerlo!!! ¡Coma espárragos!!!

Lo natural es lo bueno... ¡Naturalmente!

CHILE

El nombre viene del náhuatl, *chilli* y se aplica a numerosas variedades y formas de la planta herbácea llamada **Capsicum annum**, de la familia de las solanáceas, aunque algunas corresponden a la especie **Capsicum frutescens.**

El chile en México es imprescindible para dar sabor a cualquier platillo y es, sin duda, el condimento nacional por excelencia. En México se conocen más de cien tipos de chile, es **"la pimienta de esta tierra"** como la llamó Fr. Bernardino de Sahagún.

El chile provoca sensaciones en el gusto que no pueden ser calificadas ni como dulces ni como saladas, sino simplemente como picantes. El escozor en la boca, que modifica y a veces hasta predomina sobre otros sabores es lo que le da razón de ser a platillos tan típicos como el mole, la tinga, la salsa de los tacos y las indispensables enchiladas.

Pero aunque su fama sea por su sabor picante y por ser tan "mexicano" que se usó como símbolo en un mundial de fútbol realizado en México, tiene algunas propiedades únicas: es un estimulante natural, es capaz de curar ciertos dolores - los científicos dicen que porque libera los opiatos propios en el cerebro-, es de gran efectividad para sobrellevar la "cruda", despierta el apetito, aminora los efectos de la gripa, ayuda a desechar las toxinas (porque hace sudar) y, hasta corre la creencia de que, untado, hace que salga pelo a las personas calvas, desaparece las perrillas de los ojos y hasta elimina el sortilegio del "mal de ojo" para los supersticiosos.

Lo que sí es indiscutible es que el chile contiene cantidades importantes de vitamina C y diversos minerales indispensables en una buena nutrición y prevención de muchas enfermedades, al grado que se dice que el consumo de chiles puede ayudar a prevenir: el cáncer, enfermedades cardíacas, accidentes cerebrovasculares, coágulos de sangre, obesidad, hipertensión arterial, colesterol alto, bronquitis, enfisema, tos y resfriados y, aunque le parezca contradictorio, también las úlceras de estómago.

Por eso el chile ha sido utilizado como un alimento, una especia y como una hierba medicinal desde hace por lo menos 9,000 años.

En la Inglaterra victoriana, los chiles fueron muy apreciados por sus propiedades del calentamiento en el tratamiento de la artritis, escalofrí-os, reumatismo, esguinces y depresión. También se dice que los chiles son buenos para los riñones, bazo, páncreas, pulmones y corazón.

Según la American Physicians Desk Reference, varios medicamentos recetados contienen chile, y es que alrededor del 12% de Chile está conformado por la *capsaicina*, el compuesto que les da el sabor picante y de donde provienen la mayoría de las propiedades medicinales de Chile.

Potente analgésico. La capsaicina, es el ingrediente activo en muchos analgésicos comerciales, porque es un analgésico natural que alivia el dolor de la artritis y la diabetes, y puede aliviar desde los dolores de cabeza hasta el dolor común. Su efecto para aliviar el dolor es similar al de la morfina.

Se utiliza regularmente para tratar el dolor de artritis, herpes, dolor de muelas y cirugía de cicatrices.

Ungüentos y lociones con *capsaicina* también se utilizan como un remedio externo para dolor de nervio y picazón. Tópicamente tuvo efectos para aliviar el dolor entre el 50% de las mujeres que habían experimentado una mastectomía por cáncer de mama. La crema de capsaicina reduce el dolor causado por la neuropatía diabética (un trastorno de los nervios). Cuando se usa con otros medicamentos, produce la reducción substancial del dolor en pacientes con llagas en la boca causadas por la quimioterapia o la radioterapia.

Estimula la circulación sanguínea y mejora el sistema circulatorio entero del cuerpo, fortaleciendo el sistema inmunológico.

Un estudio tailandés mostró que el consumo frecuente de los chiles picantes (muy consumidos en Tailandia) limpia la sangre de los coágulos, aliviando la obstrucción arterial, al diluir la sangre, aumenta el flujo sanguíneo y extiende el tiempo de coagulación de la sangre, previniendo coágulos dañinos, ayudando a combatir ataques cardíacos y accidentes cerebrovasculares, pues aumentan la acción del corazón sin elevar la presión arterial y evitan la agregación de plaquetas en la sangre, reduciendo de enfermedades cardiovasculares.

Puede ayudar a reducir los triglicéridos y disminuir los niveles de colesterol malo. Ayuda a aclarar las vías respiratorias. Es expectorante o descongestionante, ayuda a prevenir la rinitis, bronquitis y enfisema.

De manera que los chiles son útiles para los resfriados o la gripe. Antivirales. Antibacterianos. Es un desinfectante interno...y mucho, mucho más... *No le tenga miedo, coma chiles!!!*

Un molcajete con chile
y un canasto de tortillas puede ser un banquete

CEBOLLA

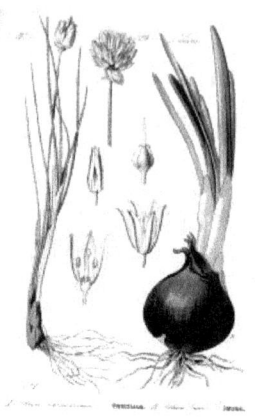

Allium cepa, es el nombre científico de la cebolla, que también se conoce como cebolla cabezona, cebolla de huevo o cebolla de bulbo, es una planta herbácea bienal de la familia de las liliáceas, que agrupa a más de 3,000 especies cultivadas por casi todo el mundo.

La cebolla era conocida por las antiguas civilizaciones de la India, China, Egipto. Según el antiguo testamento, la falta de cebollas y ajos provocó un enfrentamiento entre Moisés y su pueblo durante el cruce del desierto. Los romanos la llevaron a Europa y luego se extendió al norte del continente. Cristóbal Colón la trajo a América en su segundo viaje.

Desde épocas muy remotas era empleada por médicos y Herbolarios. Un tratado del médico hindú Aryuveda Charaka de hace 2700 años, dice que la cebolla es buena para la digestión, la circulación, los ojos y las articulaciones.

A lo largo de los siglos se han desarrollado diferentes variedades de diferente tamaño, color, aroma y sabor y sobre la cebolla se han escrito tratados completos...

La cebolla es antiespasmódica. Una dosis diaria colabora en la prevención de toses y resfríos. Además, estimula la circulación sanguínea, purifica la sangre y es benéfica en los casos de presión arterial.

Preparada en tintura, se utiliza como digestivo. En cocimiento es eficaz contra el estreñimiento. Puede emplearse en compresas para las hemorroides, o en infusiones para aplicarse sobre los callos. Cortadas en rodajas, se aspira su jugo para detener hemorragias nasales. También puede frotarse sobre picaduras de abejas u otros insectos. Rallada cruda y mezclada con un puré de papas ayuda a combatir la diarrea.

MODOS DE PREPARARSE

Infusión para eliminar callos.- Hervir una cebolla cruda, cortada en rodajas, en un poco de vinagre. Colar la infusión y, cuando esté tibia, exprimir la pulpa de la cebolla hasta obtener el jugo. Se preparan compresas con trozos de gasas y se aplican sobre el callo.

Tintura antiparasitaria.- Cortar en rodajas una cebolla grande y colocar en un bol con un cuarto de litro de agua. Dejar en reposo toda la noche. Colar el líquido, exprimir la cebolla y reunir todo el jugo. Beber en ayunas.

Infusión contra la tos y el resfrío.- Cortar una cebolla en rodajas y hervirla en una taza de leche con abundante miel. Beber la infusión caliente antes de acostarse.

Jarabe contra la tos y el resfrío.- Cortar un kilo de cebollas. Cocer a fuego lento durante tres horas en un litro de agua, 300 g de miel y 750 g de azúcar. Una vez frío, filtrar bien. Guardar el jarabe en frasco de vidrio, se toma a cucharadas.

Contra el estreñimiento.- Hervir una cebolla, cortada en rodajas, en medio litro de agua. Filtrar, agregar miel y mezclar. Se bebe una taza por la mañana, y otra por la noche.

Tintura digestiva y diurética.- Triturar 100g de cebolla, sin desperdiciar el jugo, y colocarla dentro de un frasco de vidrio, con 100g de alcohol de 90°. Dejar 24 horas y filtrar. Guardar bien tapado, y tomar una cucharadita antes de las comidas.

Compresa para hemorroides.- Se machaca una cebolla cruda y se mezcla con un trozo de manteca. Aplicar con una gasa sobre la región afectada.

Contra las verrugas.- Ahuecar una cebolla grande, rellenarla con sal y tapar con la parte de la cebolla que se cortó. Aplicar sobre las verrugas el jugo obtenido, con un algodón o, aún mejor, con un pincel fino varias veces cada noche.

El jugo de cebolla aplicado en forma de fricciones sobre el cuero cabelludo, con jugo fresco o tintura alcohólica, favorece la crecida del cabello y previene su caída.

Lo que hace llorar cuando cortamos una cebolla es el jugo volátil y picante. Volátil porque se evapora fácilmente en contacto con el aire y picante porque contiene sustancias ácidas. Por eso, al cortarla se evapora y produce irritación en los ojos. Para acabar con el molesto lagrimeo, basta con mojar la cebolla pelada con un poco de agua tibia antes de cortarla o picarla. Aunque un poco de lagrimeo le puede ser útil también...

La cebolla es un alimento que debe ser incluido en nuestra alimentación. Es muy buena contra el reumatismo, al igual que el ajo, de que es pariente muy cercana. Disuelve el ácido úrico, que causa la enfermedad de la gota, que afecta a los riñones y las articulaciones. Es buena contra las infecciones, gracias a sus sales de sosa y su potasa que alcalinizan la sangre.

La cebolla —sobre todo la roja— ayuda a prevenir la osteoporosis.

Protege al sistema cardiovascular

Contrarresta las infiltraciones de líquido seroso en los órganos, que pueden provocar edemas

Limpia y mantiene sano el sistema urinario y la próstata y limita las infecciones.

Además contiene:

Fósforo, para agilizar la mente y facilitar el trabajo intelectual

Silicio, que mejora la elasticidad para las arterias y compuestos que favorecen la fijación del calcio en los huesos

Además las vitaminas A, B, C, más los beneficios en azufre, hierro, yodo, el potasio, y dosis moderadas de sodio.

Esos y muchos más beneficios tiene la sorpren-
dente Cebolla...

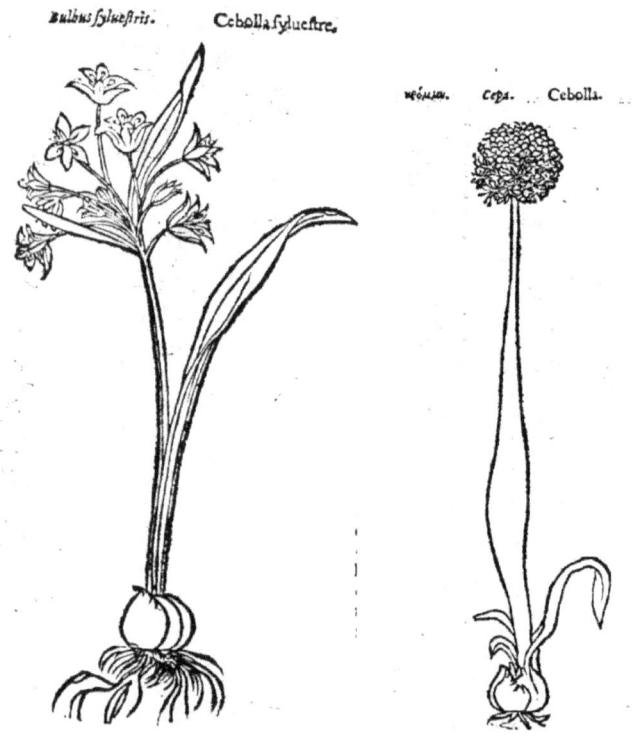

SIEMPREVIVA

Siempreviva mayor, *Sempervivum tectorum*. Llamada también *Yerba puntera, barba de Júpiter, etc.*

Hay muchas variedades de la siempreviva, más de 40 especies; aunque a veces la misma especie puede parecer diferente si su desarrollo se ve mermado y varían el tamaño y colores.

En México se conoce la especie **Sedum praealtum** De hojas carnosas, de color verde que tienen forma de espátula. Sus flores tienen pétalos de color amarillo brillante, parecen estrellas. Los frutos son pequeños y las semillas redondas.

La siempreviva debe su nombre a que siempre parece igual de lustrosa, conservando prácticamente en todo momento la tersura y brillantez. Tiene una gran capacidad de supervivencia aun en las condiciones más adversas. Es capaz de agarrarse en cualquier sitio y con un poco de cuidado se desarrolla en todo su esplendor. Es una planta con una gran vitalidad. Siempre verde, resiste los hielos y el sol más caliente.

Se cría preferentemente en los muros, entre piedras y en los tejados. También se suele cultivar en macetas, dando colorido a las terrazas durante todo el año.

En su composición encontramos ácido málico, malato cálcico, ácido fórmico, pequeñas cantidades de resina, taninos y mucílagos.

Son muchas las virtudes que se atribuyen a esta planta. Se usa para curar las postemillas. Se le emplea en otros padecimientos de la boca, como dolor de muelas o dientes; para amacizar y blanquear los dientes; curar la "boca cocida" y la piorrea (dientes flojos y mal de boca).

Como remedio para eliminar las *postemillas*, a la hoja de la siempre viva se le desprende la epidermis y se le coloca en la parte afectada o se mastican las hojas, y con el jugo así obtenido se enjuaga la boca. También se usa sobre ojos irritados (mal de los ojos); para curar la vista, cuando hay carnosidad en los ojos, para aclarar los ojos y contra las nubes de los ojos; para tratar estos dos últimos casos, la hoja se exprime directamente sobre ellos.

Para desinflamar las amígdalas (anginas), las hojas molidas se remojan en vinagre caliente y se hacen gárgaras, dos o tres veces al día, al igual que con el cocimiento de las hojas, el cual se puede tomar a manera de té. Cuando hay calentura se bebe el cocimiento de las flores.

Se usa también para el dolor de oídos y de cabeza; sobre quemaduras, para cauterizar las heridas

Un uso curioso que se le ha dado es para cubrir y consolidar los techados de tierra, por el espeso césped que forma, ya que se pensaba que este manto natural protegía las casas de los rayos. Tanto se popularizó esta creencia que en el siglo IX, durante el reinado de Carlomagno, se ordenó que todos los tejados de las casas de labor estuvieran cubiertos por esta hierba.

El té de siempreviva se prepara a partir de una cucharada de postre de la planta por taza de agua hirviendo. Se toman dos o tres tazas al día.

Uso externo. En forma de gargarismos con el jugo de la planta fresca.

Los antiguos la usaban en forma de los llamados "chiqueadores", que eran pequeños cataplasmas en las sienes. Una hoja de siempreviva un poco machacada y untada con sal colocada en las sienes dicen que ayuda a quitar dolores de cabeza. Y machacada como cataplasma en quemaduras y heridas las alivia.

También se usa como anticonceptivo, pues es un efectivo espermaticida

TOMATE

(Jitomate)

El tomate es de origen americano, mexicano o peruano, y llegó a Europa a comienzos del siglo XVI de la mano de los conquistadores españoles, pero tuvieron que pasar casi dos siglos para que se asentara de forma definitiva en las costumbres alimenticias.

Hoy se encuentra en la cocina de todo el mundo. Es una hortaliza que pertenece a la misma familia que la papa, la berenjena o el pimiento.

Debido a su alto porcentaje de agua, el tomate es un alimento poco calórico. En el tomate encontramos también hidratos de carbono en forma de azúcares simples y de fibra. Debe su color rojo al pigmento llamado licopeno. Es rico en vitaminas A, B, C, PP y K; en minerales como fósforo, calcio, zinc, magnesio, potasio, sodio y manganeso; en bioflavonoides, en licopeno y tiene propiedades antioxidantes. Además, una pieza de este vegetal (mediano, de 150 gramos), cuenta con tan solo 35 calorías y 0% colesterol, sodio y grasa saturada.

Alivia la diabetes: Un estudio realizado por el Diario de la Asociación Médica de Estados Unidos muestra que el consumo diario de tomate reduce el estrés oxidativo en la diabetes tipo 2.

Mantiene el intestino sano: Otro beneficio del tomate es que mantiene el sistema digestivo saludable y previene contra el estreñimiento y la diarrea. También previene la ictericia y elimina eficazmente las toxinas del cuerpo.

Mejora la visión: La vitamina A, presente en el tomate ayuda a mejorar la visión, la prevención de la ceguera nocturna y la degeneración macular.

Es excelente en el mantenimiento de **dientes sanos, huesos, pelo y piel.** La aplicación de jugo de tomate en **quemaduras ayuda a curarlas.** El consumo diario de tomate protege la piel contra los rayos UV y es muy usado en la preparación de productos **contra el envejecimiento.**

El comer tomates ayuda a reducir el peligro de infecciones del tracto urinario, así como el cáncer de vejiga y ayuda a disolver los cálculos biliares.

Reduce el colesterol y protege el corazón: El licopeno presente en el tomate previene la oxidación de lípidos séricos, protegiendo contra las enfermedades cardiovasculares. Se ha demostrado que el consumo regular de tomate disminuye los niveles de colesterol LDL y los triglicéridos en la sangre. Estos lípidos son los principales culpables de las enfermedades cardiovasculares, porque son los que dan lugar a los depósitos de grasas en los vasos sanguíneos.

El consumo diario de este fruto reduce el riesgo de desarrollar hipertensión.

Otros beneficios.- • Antiinflamatorio y cicatrizante como uso tópico • Combate el reumatismo • Ayuda en problemas hepáticos y digestivos.

Remedio para el acné.- Cortar rodajas de tomate y pasar éstas sobre el rostro y dejarlas durante media hora. Después, enjuagar con agua fresca.

Remedio contra el dolor de garganta.- Mezclar el jugo de tomate crudo con un diente de ajo machacado en un poco de agua caliente. Hacer gárgaras varias veces al día.

Para las picaduras de insectos.- Frotar la parte afectada por la picadura con hojas de tomatera trituradas. Igualmente, resulta conveniente colgar algunas hojas de tomatera en las habitaciones para ahuyentar a los mosquitos y las avispas, el olor los incomoda.

Gota, reumatismo, diabetes: Comer frecuentemente ensalada de tomate con ajo machacado.

Irritaciones de los ojos: El jugo de tomate, bien colado y filtrado, hace un gran colirio.

Para eliminar callos en los pies.- Frotarse todas las noches con un pedazo de cebolla el área afectada luego de haberse lavado, aplicarse pulpa de tomate y vendarse, ya verá como el callo va desapareciendo.

Debilidad sexual: Se recomienda al hombre, pues la vitamina C que contiene el tomate contribuye a aumentar la virilidad.

Mal Olor de Pies: Darse un baño de 20 minutos con 2 litros de agua tibia y ½ litro de jugo de tomate.

El tomate y sus derivados pueden ayudar a disminuir el riesgo de sufrir cáncer, sobre todo el de pulmón, próstata y estómago.

El tomate también ayuda con problemas de Ácido Úrico, Anemia, Arterioesclerosis, *Artritis, Calambres en los Brazos, Calambres en las Piernas, Cálculos Renales, Cáncer de Estómago y de Mama, Colesterol, Debilidad General y Diabetes. Eczemas. Gota. Hipertensión arterial. Neurastenia. También es un buen Afrodisíaco. Las cataplasmas de tomate sirven contra Hemorroides, Irritaciones de los Ojos y Úlceras y Llagas.*

MAGUEY

De esta planta dejaré que otros sean lo que hablen maravillas, únicamente diré que el maguey muy bien merecería el lugar de planta nacional (de México), más que el nopal, porque los beneficios que los nativos obtenían de esta planta eran muy variados y muy importantes en sus vidas.

"...y la maravilla de la naturaleza era el maguey,...servía para la fabricación de papel, con el zumo se hacía una bebida fermentada llamada pulque, con las hojas elaboraban un tejido resistente utilizado como vestimenta, con la raíz cocida se preparaba un alimento rico y nutritivo... El maguey era en suma para los mexicanos, alimento, bebida, vestido y material para escribir"... "En este metl o maguey, hacia la raíz, se crían unos gusanos blanquecinos tan gruesos como el cañón de una avutarda y tan largos como medio dedo, los cuales tostados y con sal, son muy buenos de comer; he comido yo muchas veces en días de ayuno, a falta de peces.",* escribió fray Toribio de Benavente.

Y el barón de Humboldt dice al respecto: *"pero el maguey no sólo es la viña de los pueblos aztecas, sino que también puede servir por el cáñamo del Asia y la caña de papel (eyperus papirus) de los egipcios...."*

Y prosigue Humboldt hablando de los usos del maguey: *"el jugo de cocuyza (en las provincias de Caracas, y Cumaná, el agave cubensis se llama maguey de Cocuy), que es de la pita, cuando le falta mucho para entrar en flor, es muy acre y sirve muy bien como cáustico, para limpiar las llagas. Las espinas que las hojas tienen en la punta, servían antes como las de la higuera chumba (el nopal de tunas) de alfileres y clavos a los indios, y con ellas los sacerdotes mexicanos se abrían los brazos y el pecho, en sus ceremonias expiatorias, semejantes a las de los budistas del Indostán".*

"El tronco que es grueso cuando está tierno lo cortan y queda una concavidad grande, de donde sube la sustancia de la raíz y es un licor que se bebe con agua, y es fresco y dulce, este mismo cocido se hace como vinagre y dejándolo acedar se vuelve vinagre y apurándolo más al fuego es como miel...".

Joseph de Acosta en su libro Historia natural y moral de las Indias

"El cultivo de la pita es un objeto tan importante para la real hacienda, que los derechos de entrada que se pagan en las tres ciudades de México, Toluca y Puebla, ascendieron en el año de 1793 a 817793 pesos" **Barón de Humboldt.**

No cabe duda que fue planta muy benéfica para los antiguos mexicanos el maguey. Hoy en día continúan las investigaciones a nivel de laboratorio para su aprovechamiento industrial, como son fibras, celulosas, papel para elaborar billetes bancarios, aglomerados, fructuosa, acetona, saponina, sueros glucósidos e insulina, plásticos y forrajes.

Maguey medicinal.- El uso de esta planta es común contra la diabetes, en Puebla y Michoacán se trata la enfermedad a través de una infusión con las hojas del maguey y se toma en ayunas.

Otras aplicaciones medicinales que tiene son: granos enterrados y dolores de pulmón. En ambos casos, las hojas son colocadas a manera de cataplasma en la zona afectada.

También es empleada para aliviar la tos, dolor de espalda, caries, gastritis, bilis; además se dice que proporciona vitaminas, especialmente el aguamiel y el pulque.

Desde principio de la colonia el naturista Francisco Hernández consigna la planta de maguey como anestésico, anticonvulsivo, antipirético, antiséptico urinario, disolventes cálculos renales, catártico, cicatricial y regenerativo; diurético, emenagogo y eupéptico.

El agua miel que produce el maguey se usa para casos de gastritis.

Para tratar la diabetes.

Para bajar el colesterol y triglicéridos.

Ayuda a desintoxicar y es laxante natural.

Mejora la circulación y el funcionamiento del sistema inmunológico.

Ayuda a prevenir el envejecimiento prematuro.

Ayuda a limpiar los riñones y eventualmente a eliminar cálculos renales.

Ayuda a limpiar las vías urinarias.

Es un antiséptico formidable de estómago e intestinos.

Cura la gonorrea o blenorragia.

Una planta maravilla es el maguey, por eso se dice: *¡Para todo mal, mezcal...para todo bien, también!*

YERBAMORA

Su nombre científico es *Solanum nigrum*. En inglés se le llama *Black-berry, Nightshade* o *Block night shade*, en francés *morelle* y en portugués *ervamoura*.

La hierbamora.

En general son hierbas anuales, que se cría en huertas y otras tierras de labor. Los frutos son bayas del tamaño de un chícharo, generalmente de color negro cuando maduran.

Cuando se recolecta se ponen a secar a la sombra o en secadero, a temperaturas no demasiado elevadas, ya que se podría alterar la composición en principios activos.

Como principio activo de la hierba mora se ha hallado un glucoalcaloide llamado solanina, contenido en proporciones similares tanto en el tallo como en el fruto y las hojas, aunque parece ser que en el fruto maduro no existen restos de este alcaloide.

Al contrario que otros frutos parecidos, la solanina carece de toxicidad en dosis relativamente bajas, pero puede resultar peligrosa en dosis altas - sobre todo si se administran por vía interna.

En cuanto a las propiedades de la yerbamora, parece probado que tiene una importante actividad analgésica y sedante; siendo de gran valor en la práctica clínica.

También es eficaz para curar dolores estomacales, con una eficacia igual o superior a otros medicamentos conocidos.

El contenido de solanina en la hierba mora no es muy alto y además tras la desecación pierde parte de sus propiedades; pero en el jugo de la planta se pueden encontrar cantidades suficientes para producir los efectos sedantes antes descritos.

Jugo de la planta. El jugo de la planta madura se toma directamente. No conviene sobrepasar la cantidad de 30 g. por día.

Uso externo. De forma externa se usa el cocimiento de las hojas contra el prurito vulvar y hemorroidal, y en aplicaciones sobre abscesos, artritis y contusiones.

Cataplasma para abscesos y llagas: colocar un puñado de hojas frescas y limpias sobre un lienzo. Machacar un poco hasta que el líquido empiece a fluir, luego se aplica la cataplasma de hojas sobre la zona afectada. Muy buena para golpes, machucones y moleduras.

A pesar de las advertencias de la solanina, la hierba mora ha sido muy usada en medicina popular, las hojas o la infusión en frío de las mismas se emplean como sedante, antiinflamatorias, antipiréticas y purgantes; la sobredosis, sin embargo, puede ser de serias consecuencias.

Puesto que al cocerla se destruye en parte la solanina, los frutos maduros se han usado ocasionalmente en mermeladas y conservas y en muchas partes se comen como cualquier otra fruta.

La yerbamora se usa como té para aliviar los cólicos digestivos, los empachos, los vómitos y hasta los espasmos y las lombrices.

Además de ser analgésica, sedante y Antipruriginosa, La yerbamora se han usado para hacer aguas frescas y últimamente, en algunos mercados populares, se ofrecen racimos de la hierba para ensaladas; se pondera su alto contenido de vitaminas y que funciona mucho mejor que la viagra.

No hay que olvidar que muchas de las creencias populares el tiempo las hace verdades.

ZAPOTE BLANCO

El nombre científico del Zapote blanco es *Casimiroa edulis,* y en náhuatl se le llama *cochiztazapotl "fruto dulce que produce sueño"*

Casimiroa edulis

Historia.- En el siglo XVI, el Códice florentino menciona al zapote como somnífero. El naturista Francisco Hernández de Toledo (1514-1587) que fuera médico de los reyes de España y que estudió plantas de la Nueva España, dice del zapote *"las hojas machacadas y aplicadas a las nodrizas, curan las diarreas de los infantes; los huesos quemados y hechos polvo curan las úlceras pútridas quitando y consumiendo por completo la carne viciada, la úlcera, criando carne nueva y produciendo la cicatrización con rapidez admirable; los frutos comidos concilian el sueño. Calma los dolores de vientre de los niños, si provienen de frío o de flatulencia"*.

En la información surgida de las Relaciones geográficas del siglo XVI se señala que es muy provechoso para inflamaciones.

A finales del siglo XIX, en Datos para la Materia Médica Mexicana, se relata que en las investigaciones realizadas por el Instituto Médico Nacional se obtuvieron en la mayoría de los casos resultados positivos, utilizado como: hipnótico, anticonvulsionante y antitérmico, calmante del dolor, la agitación, el delirio y favorecedor del sueño.

El padre Bernabé Cobo, en su **Historia del Nuevo Mundo**, dice del zapote blanco: *"tiene la carne muy blanca y tierna, y aunque es de buen comer, no es tan sano mantenimiento como los otros zapotes y provoca a sueño a quien lo come. La pepita es casi como una nuez, y comida es veneno mortífero; pero quemada y hecha polvos, cura las llagas podridas."*

La acción hipnótica del zapote blanco era conocida de los antiguos mexicanos. Los indígenas, además de comer sus frutos, preparaban infusiones de las semillas para inducir el sueño. Las hojas también eran usadas para el mismo propósito, pues éstas están al alcance todo el año, mientras que los frutos se producen solamente durante los meses de junio y julio.

Se ha usado como sedante, en casos de enfermedades mentales para clamar la excitación de enfermos enajenados y usado en casos de insomnio, el sueño que provoca es tranquilo y al despertar no se siente ningún trastorno, para eso se usa el té de hojas tomado de una a dos horas antes de irse a dormir.

A fines del siglo XIX los estudios realizados comprobaron que el zapote no era narcótico pues sólo se puede observar un aparente efecto sedante al consumir infusiones de sus hojas.

Otros estudios en hospitales de México al final del siglo XIX mostraron que el zapote blanco produjo una reducción de la presión arterial, pero también la práctica ha comprobado que el uso de las hojas y semillas de zapote blanco de manera frecuente dan buenos resultados en el tratamiento de alta presión (hipertensión.

También las personas hipotensas (con baja presión arterial) se toman una taza de té de hojas y/o semillas de Zapote Blanco dos horas antes de dormir, solo para encontrarse en un ligero estado sedante, con una marcada y sostenida hipotensión, cuyo efecto dura por varias horas.

Al parecer y según la información en la literatura el uso frecuente del extracto de hojas y/o semillas de Zapote Blanco no presenta efectos secundarios indeseables.

En el caso de los nervios: se recomienda preparar un té, se ponen a hervir unas seis hojas en medio litro de agua, en un jarro de barro y se le pone un poquito de azúcar o sin dulce, se toma en ayunas de preferencia y varias veces al día como agua normal.

Aseguran que tanto de la fruta como del té de hojas son benéficos en casos de reumatismo.

En el caso de reumas: se toma el té y se soba el pie con las hojas maceradas en aguardiente y se cubre bien; el aguardiente con tres hojas de zapote se pone a remojar un día antes de su aplicación.

Para la hipertensión arterial, conocida comúnmente como presión alta, se recomienda tomar la infusión de las hojas de esta planta cada tercer día en ayunas o comer un fruto después de cada comida, hasta tener la presión normal.

También se aconseja administrar el cocimiento de las hojas, vía oral, para tratar la diabetes. Para los dolores artríticos se puede ocupar el cocimiento de la corteza, hoja o semilla y para quitar los cólicos, la infusión de la semilla.

Use prudencia y consulte siempre a quien más sepa

RÁBANO

El Rábano es una planta comestible de raíz carnosa, blanca o roja cultivada y consumida en casi todo el mundo, usualmente crudos en ensaladas, aunque también se cuecen y se usan para platos calientes.

La variedad más conocida es *Raphanus sativus,* el rabanito que vemos en los platos que nos sirven en el restaurante y que creemos que lo ponen de adorno solamente, pero ese rabanito tiene muchas propiedades alimenticias, preventivas y curativas.

El rábano ha sido cultivado por siglos en zonas de Europa y Asía, y su origen parece situarse en China. Se sabe que los egipcios lo comían abundantemente, y su consumo era obligatorio para los esclavos que construían palacios, pirámides, templos y tumbas porque les daba fuerza e impedía que se enfermaran. Hasta nuestros días es famoso el jarabe de rábano yodado como antiviral y antibacteriano.

Hay muchas clases de rábanos. Varían en tamaño, forma y color, éste va desde el blanco al rojo, pasando por el amarillo, su forma depende también de la época del año en que se cultive, los rábanos de primavera suelen presentar una forma esférica, en tanto que los de verano suelen ser más grandes y alargados.

El denominado *daikon* o japonés, es un rábano grande y de color blanco que se suele comer crudo o preparado como encurtido.

Beneficios del Rábano.- Ayuda contra asma, bronquitis, tos, catarros, enfermedades de las vías respiratorias, para eso, tomar varias veces al día el agua del cocimiento de 100 gramos de rábanos en un litro de agua, endulzado con miel de abejas.

El mismo cocimiento, tomado tres veces al día, es bueno para problemas del hígado, desordenes gástricos, dispepsia, cálculos en el riñón, parásitos, y también es bueno consumirlos crudos en ensaladas.

Para tratamiento complementario contra los cálculos biliares, lavar bien un rábano en jugo de limón, córtalo en trozos y come lo equivalente a un rábano cada media hora. Los siguientes días puede repetir la operación pero comiendo uno cada dos horas, ya verás cómo poco a poco la enfermedad y los síntomas disminuyen.

Para urticaria y artritis crónicas: Triturar 100 gramos de rábanos, endulzar con miel de abejas, colar y tomar hasta medio litro por día.

Los cataplasmas preparados con rábanos triturados son de ayuda en los tratamientos contra la artritis y también te ayudará si al mismo tiempo los comes en ensaladas o con los alimentos del día.

Es muy bueno el rábano para combatir la anemia, se toma principalmente en forma de jarabe. Se pone a remojar en un litro de agua, la cáscara de dos rábanos, a las 8 horas se le agrega un litro de jerez, medio cuarto de alcohol. Se toma una copa antes de cada alimento. A los niños es preferible dárselos en forma de postre, picaditos con limón.

El rábano también tiene un uso eficaz en las reumas, se ponen unos 350gr. de cáscara de rábano, dos cabezas de ajo y una cebolla mediana en un litro de alcohol, se deja reposando en un lugar oscuro, bien tapados durante dos días, después de los cuales simplemente se frota en donde duele.

Por tener mucha agua y pocas calorías, los rábanos forman parte de muchas dietas para perder peso.

Por contenido de vitamina C, son antioxidantes y benéficos para la formación de dientes, huesos, y aumento de los glóbulos rojos. Buenos para los niños.

Tienen también un alto contenido en fibra, por lo que son muy favorable para el sistema digestivo, el tránsito intestinal y también para sentir sensación de saciedad. Oh, y ayudan a evitar las flatulencias.

En cuanto a los minerales, tienen potasio, bueno para el sistema nervioso central, y yodo, que regula y permite un correcto funcionamiento de la glándula tiroides permitiendo un sano crecimiento del metabolismo.

El rábano tiene propiedades diuréticas, y es muy útil para eliminar piedras y arenillas de los riñones y de la vesícula.

Las personas con problemas urinarios pueden usar jugo de rábano para aliviar prácticamente cualquier inflamación en las vías urinarias.

El jugo del rábano también puede prevenir infecciones del riñón y ayudar a curar los problemas respiratorios de los resfriados como el asma y la bronquitis como dijimos al principio.

Los rábanos tienen propiedades anticonges-tivas, y ayudan a eliminar la mucosidad de los pulmones, para este efecto, algunas personas los suelen picar y dejar en miel durante la noche y consumirlos por la mañana.

De cualquier forma que los consumas te traerán beneficios a tu salud. Recuerda, el rábano no es solamente un adorno en el plato, es un buen alimento, es preventivo y es muy medicinal.

¡Come rábanos!!!

PLÁTANO

El banano o plátano es una planta de hojas muy grandes, que son las ramas, crece como un árbol, pero su tronco no contiene madera, en algunos partes no se desperdicia ninguna parte de la planta; cosechada la fruta, el tronco, las hojas, las flores y la raíz la utilizan para hacer harina, vinagre, papel, tinte, combustible, forraje para los animales, etc. El fruto crece en racimos que pueden llegar a contener más de 100 unidades-plátanos, tiene color amarillo al madurar. Hay una gran variedad de *plátanos,* por su tamaño, color, contenido de almidón, etc., pero todos son de sabor dulce y muy rico en carbohidratos y muy buen alimento. No sólo es rico en potasio, sino que tiene también vitaminas A, B y C y una cantidad considerable de niacina, riboflavina y tiamina, tiene poco sodio, nada de colesterol, algunos lo consideran eficaz contra la hipertensión, estreñimiento, afecciones gastrointestinales, etc. No engorda, es suave, antiácido y de fácil digestión.

Originarios del sudeste asiático, hoy en día, los plátanos son uno de los grupos de alimentos más cultivados en el mundo y es la fruta tropical más consumida. Pero no siempre fue así.

En 1876, durante la exposición del centenario, en Filadelfia, cientos de norteamericanos curiosos hicieron largas colas para probar la fruta por primera vez, aunque hacía siglos que se cultivaba en el mundo, algunos consideran que es una de las frutas más antiguas de la humanidad.

Ciertamente la planta crecía ya en época prehistórica, hace varios millones de años. Hacia el año 327 antes de Jesucristo, Alejandro Magno descubrió cultivos de plátanos en la India, el enciclopedista romano Plinio (23-79 antes de Cristo) uno de los primeros que describió la planta, señaló que, cuando los sabios hindúes hablaban de filosofía bajo la sombra de una planta de plátano, con frecuencia se alimentaban únicamente de esta fruta.

Fue hasta el siglo VII cuando mercaderes árabes la llevaron a África occidental, donde tomaría el nombre de banana con el que se le conoce en muchos países. Por esos mismos tiempos, exploradores españoles y portugueses llevaron la planta a América. Hoy los plátanos son cultivados en más de 130 países, pero India y China siguen siendo los mayores productores del mundo.

La especie *Musa Cavendishii* designa a los plátanos de postre o bananos, de sabor más dulce y menor contenido de almidón y que suelen comerse crudos. La especie *Musa Paradisiaca* designa al llamado plátano macho o plátano maduro que contiene más almidón, es menos dulce, más grande, y generalmente es cocinado para su consumo.

Las dos especies comparten muchas de sus propiedades, la mayor diferencia es el contenido más alto de almidón, por lo que aquí las consideramos indistintamente.

La fruta, en su estado verde, contiene más almidón y menos azúcar que la madura. Por su alto contenido nutritivo, el banano es una de las comidas predilectas de los bebés y los niños.

El plátano se debe pelar y comer inmediatamente, pues se descompone rápidamente. El plátano con manchas oscuras es más alcalino y ocho veces más eficaz en la mejora de las propiedades de los glóbulos blancos de la sangre que cuando está en su estado verde. Así maduro produce una sustancia llamada "factor de necrosis tumoral" que tiene la capacidad de combatir las células anormales.

Algunos usos y Beneficios del Plátano

Riñones.- El consumo del plátano es muy útil para limpiar los riñones por su escaso contenido de proteínas.

Colon inflamado.- Tomar un plátano con un vaso de agua, una hora y media antes del desayuno.

Depresión, hiperactividad, Cerebro.- El consumo de plátano evita la depresión, la hiperactividad y elimina las migrañas.

Molestias de la garganta, tos, tos crónica.- Triturar un plátano bien maduro hasta formar una masa, agregar a esta masa el jugo de un limón grande, una naranja, mandarina o clementina, una cucharada de miel de abejas, y poner a calentar a fuego lento por unos cinco minutos. Consumir inmediatamente. Especialmente efectivo hacerlo antes de acostarse.

Obesidad.- Se suele hacer una cura de plátano, la cual consiste en no comer nada más que plátanos de postre (bananos) durante una semana y tres veces por día, aunque pueda parecer poco saludable, ayuda a limpiar el organismo, elimina toxinas, facilita la digestión posterior y el plátano contiene muchos de los nutrientes que necesita el organismo.

Diarrea.- En caso de diarrea severa, se aconseja consumir plátanos de postre con pan blanco.

Cura de la banana.- Esta curación es recomendada una vez al año para limpiar el organismo. No le hará daño si no sufre de alguna otra alteración que necesite supervisión médica, si tiene alguna duda consulte con su médico, pero hacer una cura de este tipo, ayudará a conservar la elasticidad de sus músculos, depura el organismo de sustancias tóxicas en la sangre y fortalece su sistema linfático. Empezar comiendo dos bananas tres veces al día el primer día e ir aumentando una banana por día hasta llegar a 5 bananas por día, que se comerán hasta llegar al día al día 15 y luego se irá reduciendo una banana por hasta llegar al día 18 comiendo las dos bananas tres veces al día. Durante estos 18 días tan solo comerá bananas, no mezclando con ningún otro alimento. Puede si lo desea, tomar jugo de limón con agua y con muy poco azúcar o endulzante artificial, sino basta con agua sola. También es recomendable esta cura contra la obesidad, pero si se está luchando por bajar de peso se puede hacer una cura a base de no comer más que plátanos durante una semana al mes y repetirla según se vayan viendo resultados. Suena rara la dieta... pero si quiere probarla, hágalo con cuidado, viendo día a día como se va sintiendo.

Comer de 1 a 2 plátanos al día te aumentará tu inmunidad.

Del plátano se prepara una harina blanda y aromática dulce y nutritiva, de fácil digestión, muy apropiada para individuos débiles, enfermos y convalecientes.

La planta de bananas tiene una savia que también es curativa por su poder astringente, se utiliza en casos de hemorroides, haciendo compresas en la zona afectada. Se coloca la savia en una gasa esterilizada y se aplica en el ano. Se renueva 3 o 4 veces por día. Asimismo puede hacer un té con las hojas del plátano para hacer baños de asiento, usando luego toallas sin color, pues muchas veces el colorante que se le a la tela produce irritaciones y malestares mayores.

Las flores del plátano y las rebanadas del eje del racimo, puestas en infusión aseguran un buen sudorífico.

Verrugas, mezquinos.- Tomar un trozo de la piel de un plátano y poner sobre la verruga o el mezquino por la parte interna, se adhiere con cinta adhesiva, esparadrapo o una tirita (curita) y se cambia cada seis horas hasta que desaparezca la verruga, usualmente toma una semana dependiendo también del tamaño de la lesión.

Mascarilla para hidratar la piel, endurecer papada, muslos y busto.- Machacar juntos medio pepino y 15 gramos de pulpa de mango, 5 gramos de papaya y 10 gramos de pulpa de plátano. Se deja la mascarilla por media hora y se retira con agua templada.

Terminaremos diciendo que aunque el plátanos es medicinal, desde la antigüedad ha sido más reconocido por su alto valor nutritivo. Contiene más azúcar que la mayoría de las frutas que todos conocemos. Es muy rico en sales minerales: calcio orgánico, fósforo y hierro; estos tres elementos -indispensables para el desarrollo normal de una persona- los contiene el plátano en cantidades suficientes para atender la demanda del cuerpo más exigente. También contiene cobre, flúor, yodo y magnesio. Contiene diversas vitaminas, como por ejemplo la vitamina C, que se halla en cantidades similares a las que se encuentra en otras frutas.

Asimismo posee vitaminas del complejo B como la tiamina, riboflavina, piridoxina y cianocobalamina.

Por eso, es el plátano una de las frutas más completas que existen, aportando al organismo más nutrientes que ninguna otra.

Fig. 152.—BANANA OF PLANTAIN (*Musa paradisiaca*).

2. Head of spike   3. Single flower (front petal removed)   4. The same, petal not removed
5. 6. 7. Fruit.

FRESA

Las fresas, además de su agradable sabor, color vistoso y variados usos en las comidas, tienen muchos nutrientes y cura y previene enfermedades.

ALGO DE SU HISTORIA.-

Desde hace miles de años, el hombre ha venido utilizando la fresa silvestre como alimento, sin embargo, sus propiedades medicinales no fueron tenidas en cuenta hasta el siglo XIII, siendo el botanista Raymundo Lulio (Raymond Llull o Lul) el primero en recomendar las fresas para el tratamiento de gran número de afecciones y especialmente para combatir la anemia de las jóvenes y devolver la juventud a las mujeres maduras.

PROPIEDADES Y BENEFICIOS.- Las notables propiedades de las fresas se deben a su contenido en vitaminas y sales minerales.

Según estudios recientes, el zumo de fresas es uno de los productos nutritivos más completos del reino vegetal.

Además de contener vitaminas A, C, B1 y B2, las fresas son notables por sus ácidos orgánicos (ácido cítrico en particular) los cuales, quemándose en el organismo, liberan bases que confieren a esta fruta un poder alcalinizante.

Las fresas proporcionan calcio, fós-foro y hierro. La relación calcio-fósforo se aproxima a la relación propia del organismo huma-no. Las fresas contienen también potasio, magnesio, sodio, cobre y otros importantes elementos.

SUS BENEFICIOS.- • Las fresas ayudan a bajar los niveles de azúcar en la sangre. • A blanquear los dientes. • A combatir el estreñimiento • A fortalecer el sistema inmunológico • A prevenir el envejecimiento prematuro • A protegernos contra el cáncer • Cuidan la salud del corazón porque protegen contra el mal colesterol • Por ser ricas en antioxidantes se cree que son buenas para prevenir enfermedades. • Por su contenido de folato se recomienda a las mujeres embarazadas • Por su riqueza en ácidos ayuda en casos de inflamaciones del intestino • Protegen la salud de los ojos • Puede ayudar a disminuir los malestares de la artritis • Son buenas para la presión arterial • Son diuréticas • Son protectores naturales contra los rayos del sol • Son recomendadas en las dietas por ser nutritivas y bajas en calorías • Son un desinfectante natural • Tiene propiedades antiinflamatorias

LAS FRESAS EN LA COCINA. Es preferible consumirlas crudas y frescas y sin añadirles nada pero hay muchas recetas con fresas.

Las fresas son muy recomendadas a personas diabéticas porque son bajas en azúcar. Por las mismas razones son recomendadas en dietas para adelgazar.

Para obtener sus beneficios hay que comerlas con frecuencia.

Poseen grandes cualidades como astringentes y diuréticas, y un cocimiento de las hojas puede ser utilizada en lugar de café.

Las fresas son buenas para controlar la diarrea.

Un cocimiento de hojas de fresa frecuentemente es utilizada como tratamiento contra la anemia y otras afecciones hepáticas.

Otros usos: El consumo de las fresas, así como el limón, las uvas, las moras y las peras ayudan a disminuir los problemas ocasionados por la menopausia.

En la antigüedad eran utilizadas las hojas de fresa y menta para lavar la ropa por sus cualidades antisépticas. Su uso más común es en la preparación de bebidas refrescantes.

Para el cuidado de la piel : Para mantener un cutis limpio y terso sin gastar mucho dinero en cosméticos, puedes machacar fresas y mezclar con miel de abejas y crema de leche hasta obtener una mezcla uniforme y suave que se deberá aplicar con frecuencia para mantener la piel lozana y bien cuidada.

CUIDADO.- muchas personas pueden ser alérgicas a las fresas, por lo que hay que observar si después de comerlas hay alguna reacción. A veces si se cocinan presentan menos alergias.

Por ser ácidas pueden provocar acidez a algunas personas propensas a ello.

NARANJA

El naranjo, cuyo fruto es la naranja, es un árbol del género Citrus, de follaje siempre verde, de copa grande, redonda o piramidal. Sus hojas son ovales y miden entre 7 a 10 cm; sus ramas suelen contar con grandes espinas de más de 10 cm. A sus flores blancas y aromáticas, se les da el nombre de *azahar*, nacen aisladas o en racimos y son sumamente olorosas con una fragancia agradable.

El fruto es especialmente apreciado como alimento y como medicinal. Es un gran depurativo del organismo por su contenido vitamínico, azúcar, ácido cítrico, celulosa, hierro, fósforo, sodio, magnesio y calcio.

Los naranjos tienen su origen en India, Pakistán, Vietnam y el sureste de China, donde ya se mencionaban en escritos del año 2000 aC. Fueron traídos a occidente por los árabes.

En sánscrito se llamaba *nâranga.* De India pasó a Arabia, donde se llamó *naranj* y luego al sur de Francia, donde en provenzal antiguo se llamó *naurange.* Hoy, los principales productores de naranja son Brasil, Estados Unidos, México y China.

De la naranja dulce hay más de cien variedades y es una de las frutas más apreciadas y saludables, por su reconocido valor tónico y depurativo.

En la cocina es un ingrediente muy versátil. Se usa en postres y mermelada, y hasta la cáscara de naranja azucarada o recubierta de chocolate es una delicia.

USOS Y BENEFICIOS.- Por su alto contenido de vitamina C, es una fruta antioxidante, que ayuda a prevenir la arterioesclerosis y a evitar infecciones. Es recomendada en casos de gripe y resfriados por su capacidad para fortalecer el sistema inmunitario.

Su aporte de vitaminas A y B ayuda a mantener la salud de la piel, el cabello, las uñas y la vista. Es rica en potasio, magnesio, calcio, hierro y fósforo.

La naranja favorece la presión arterial, la frecuencia cardíaca y la resistencia de los huesos

Aumenta la calidad de los glóbulos rojos (esas células que captan el oxígeno y lo transportan a los tejidos).

Aumenta la resistencia contra las infecciones por sus grandes cantidades de vitamina C y flavonoides.

Ayuda a combatir el estreñimiento. Sus fibras de celulosa facilitan los movimientos peristálticos necesarios para que se produzca la expulsión de las materias de desecho. La naranja, además de provocar la expulsión, limpia el tracto intestinal y destruye la flora dañina del colon.

Ayuda a desinflamar los ovarios, la próstata, la garganta, las encías e inflamaciones en general.

Combate la artritis en general.

Contiene mucha fibra, ayudando a que la digestión se mantenga a la perfección y no haya tránsito intestinal lento. Muy recomendable para personas con problemas de estreñimiento.

Controla el colesterol. Por su contenido de sodio, potasio, y magnesio la naranja es antiespasmódica, es decir, contrarresta calambres, palpitaciones y temblores corporales y fortalecen los músculos.

Entre otros beneficios, la naranja es buena contra el asma, bronquitis, neumonía, reumatismo.

Es un excelente antioxidante que ayuda al organismo a desechar los excesos y protege las células.

Por su alto contenido de fósforo, es un remedio natural para mejorar la memoria.

Comer naranjas con frecuencia ayuda a previene el cáncer de estómago.

La naranja nos ayuda a producir colágeno, es decisiva en el crecimiento y reparación de las células de los tejidos.

La vejiga y la próstata, se benefician con la naranja por ser diurética y facilitar la eliminación de esas sustancias que se van depositando.

Limpia el hígado y el páncreas, cuya contaminación por acumulación de grasas es la causa más frecuente de diversos trastornos, como dolores de cabeza y mareos.

Regenera el cerebro y plasma sanguíneo (líquido en el que se encuentran las células de la sangre).

Té de hojas de naranjo es bueno para los nervios, sudoración e insomnio.

Té de azahar de naranjo es bueno para el estómago, la circulación y los nervios.

Té de cáscara de naranja agria madura es bueno para los parásitos de los niños.

Un cocimiento de cáscaras de naranja y ajenjo en un vino blanco ayudan a corregir el mal aliento.

Compresas de pulpa de naranja ayudan a evitar arrugas y activan la circulación....

¡La Naranja es buena, coma Naranjas!!!

MAÍZ

Planta originaria de América, su cultivo se ha desarrollado rápidamente y está muy extendido por todo el mundo. Se han creado numerosas variedades, que suman hasta más de trescientas y que

se diferencian entre sí, en parte, por el tamaño y color de la propia mazorca.

Tiene el maíz la particularidad de tener separadas las flores masculinas de las femeninas; las masculinas son de color verde, con forma de espiga alargada en que remata la planta, de donde sale el polen que fecundará las flores femeninas, que vienen siendo lo que llamamos barbas de elote o pelo del maíz.

Una vez hecha la fecundación, se obtienen los frutos globulosos, brillantes y generalmente de color amarillo, los granos de maíz, que son lo que habitualmente se emplea en la alimentación, y crecen en el olote, al que lleno de granos se le llama elote cuando está tierno o mazorca cuando seca.

Después del desgranado y molienda se obtiene la harina de maíz; hace no muchos años constituía el principal alimento de los niños pequeños, ya que su carencia de gluten lo hacía idóneo para estas edades. Aunque hay que tener en cuenta que una alimentación basada exclusivamente en este tipo de harinas pueden producir enfermedades por carencia de otros nutrientes.

El maíz es rico en carbohidratos y proteínas. Además es rico en sales minerales como el magnesio y el fósforo y el único cereal rico en vitamina A. También contiene vitamina B, C, calcio, acido fólico y contiene mucha fibra. Favorece el tránsito intestinal y evita el estreñimiento, combate los déficits de magnesio y otros minerales y sus propiedades nutritivas son ideales para todos los días, incluso en los periodos de mucho esfuerzo físico.

Tiene propiedades cardiotónicas y ayuda a bajar la presión arterial. Se utiliza también en productos adelgazantes. Se administra en forma de infusión a razón de 5 g de producto seco por cada taza de agua, tomando una taza un día sí y otro no.

La semilla de maíz se utiliza para la preparación del aceite de maíz muy rico en vitamina E y también para la elaboración de productos contra la paradentosis.

El maíz es nutritivo y energético, que ejerce una cierta influencia sobre la glándula tiroides, con tendencia a desacelerar el ritmo metabólico.

La harina de maíz usada en la alimentación ha de ser fresca, pues se deteriora con facilidad.

El maíz fue y ha sido básico en la alimentación de muchas culturas americanas.

En medicina, la parte de la planta que más se usa son los estilos o barbas de elote. Estas barbas de elote se deben de recoger en cuando se empiecen a formar y sean visibles; aunque con esta operación se perderá la mazorca, ya que de esta forma se impide su fecundación, que se produce necesariamente a través del estilo.

Las barbas de elote se deben secar rápidamente a la sombra y guardarse en frascos oscuros sin humedad.

Con esas "barbas" se prepara un cocimiento muy diurético y es eficaz en todo tipo de afecciones renales y de la vesícula y vías urinarias, cistitis, arenillas, etc. y también contra la blenorragia (purgaciones), reuma, artritis, fiebres, infecciones en general, siempre que convenga estimular la diuresis.

El cocimiento se prepara dejando hervir a fuego lento durante unos minutos 20 gms. de barbas de maíz en un recipiente con un litro de agua.

El aceite de maíz se emplea en dietas hipolipe-miantes para bajar el colesterol, ya que contiene ácidos grasos poliinsaturados.

Los asientos del aceite de maíz se emplean para combatir la piorrea, y son utilizados en la preparación de dentífricos.

Como buen diurético, el maíz se ha usado tradicionalmente para el tratamiento de la retención urinaria, edemas, cálculos renales y cálculos urinarios.

Para ulceras externas: En algunas ocasiones se utiliza la harina de maíz para realizar cataplasmas, los cuales son utilizados en ulceraciones, llagas, edemas e incluso en el reumatismo. Espolvoreada directamente sobre la piel calma las irritaciones cutáneas y también puede usarse para preparar cataplasmas emolientes (suavizantes).

El huitlacoche del maíz. -Algunos elotes se pierden al ser atacados por un hongo, llamado comúnmente *huitlacoche*, ciertamente se pierde la mazorca, pero cada vez más se usa el *huitlacoche* en comidas.

También se ha descubierto que *el huitlacoche* es rico en *lisina*, uno de esos "aminoácidos esenciales" que el organismo necesita, pero no puede producir.

Contiene además el huitlacoche abundantes cantidades de beta-glúcidos (la fibra soluble que le da a la avena sus conocidas propiedades contra el colesterol) que la misma avena.... De modo que el maíz, hasta cuando es malo es bueno.

Se aconseja tomar precauciones en casos de insuficiencia renal y cardiaca para el uso, pero más para el abuso del maíz.

BERRO

Aunque el berro es una planta que se usa principalmente en la cocina en preparación de ensaladas, a su valor alimenticio hay que añadirle también beneficios medicinales. Ayuda a prevenir y a curar algunas enfermedades.

El berro es una planta acuática. Crece espontáneamente en las orillas de los ríos, arroyos y dondequiera que corra el agua. Pero también existen variedades de tierra seca.

Sus tallos son extendidos, gruesos y carnosos, y su altura varía entre 10 y 80 cms. Las hojas presentan segmentos ovales, con una terminal generalmente mayor. Las flores son blancas y pequeñas, dispuestas en racimos. Las semillas son finas y de color amarillo- rojizo.

Tiene un olor característico, y un sabor bastante amargo y levemente picante, muy apreciado para la preparación de ensaladas de verduras crudas.

Se cosecha a los 40 días de plantado. Puede dar hasta cuatro cortes a lo largo de un mes.

Es un alimento rico en vitaminas A, C entre otras, minerales como yodo natural y hierro. Por eso es bueno contra enfermedades como el escorbuto, o para remineralizar el organismo.

Su jugo es depurativo, digestivo y diurético, benéfico para el hígado, los riñones, las vías urinarias y el aparato digestivo. Es útil contra la diabetes, y el ácido úrico.

Su jugo sólo o combinado, tiene valor desinfectante y antiséptico, especialmente para enfermedades de las vías respiratorias, y para contrarrestar los efectos tóxicos de la nicotina.

Para las vías respiratorias.-

Contra el catarro pulmonar: hervir en leche un puñado de hojas y flores frescas. Filtrar y beber dos vasos diarios.

Infusión para catarros: Poner una cucharada de hojas y flores en una taza con agua y dejarlas remojando toda una noche. Filtrar y machacar el berro con una cucharita hasta sacarle todo el jugo. Beber por la mañana, en ayunas.

Jarabe.- Preparar jugo de berro y endulzarlo con abundante miel. Se obtiene así un excelente jarabe para combatir bronquitis, tos y todo tipo de catarros bronquiales.

Para diabetes y el ácido úrico.- Hervir 200g de

hojas y flores en un litro de agua. Filtrar y beber tres tazas diarias durante dos meses. Se completa el tratamiento comiendo ensaladas de berro fresco y crudo, sazonado con limón, por lo menos una vez al día.

Para la piel.- El Berro se puede usar para aliviar el enrojecimiento de la piel, debido al sol y al viento. Se mezclan 50 gramos de jugo de berro con 10 g de almendras amargas, machacadas. Puede aplicarse antes o después de la exposición al aire libre.

Se aconseja usar las plantas que crecen cercanas a las aguas corrientes y no las de aguas estancadas, ya que estas últimas pueden trasmitir enfermedades. En todos los casos, se deben lavar muy bien las plantas antes de consumirlas. Es mejor comerlo crudo, ya que hervido pierde muchas de sus cualidades naturales.

Para encías y gingivitis. Macerar 25 g de brotes en 100g de alcohol a 70°, durante ocho días. Usar en enjuagues y buches, diluyendo antes en agua en una proporción de 25%.

Odontalgia.- Para el dolor de dientes, hervir un litro de agua y dejar en infusión 50 g de inflorescencias de berro durante 20 minutos. Utilizar para enjuague y buches.

Súper-alimento.- Si hay súper alimentos el Berro es uno de ellos. Contiene 15 nutrientes y minerales de vital importancia para el organismo, gramo por gramo el berro puede presumir de tener más vitamina C que las naranjas, más vitamina E que el brócoli, más calcio que la leche entera y más hierro que la espinaca. El Berro también tiene niveles altos de beta-caroteno que es convertida en vitamina A en el cuerpo y necesaria para el crecimiento y desarrollo, para el sistema inmunológico, ayuda a una visión saludable, ayuda al pelo, la piel, las uñas, los huesos y dientes.

Da gran vitalidad- Cuentan que los faraones egipcios hacían que les dieran jugo de berros a sus esclavos dos veces al día para aumentar su productividad. Esta nutritiva verdura proporciona hierro y aumenta la vitalidad.

Un mes tomando 100 gramos de berros al día, en zumo o en ensalada, te dejará como nuevo.

CANELA

Se trata de un árbol de hasta unos 10 metros de altura, que adopta forma de arbusto siempre verde. El tallo leñoso. La parte más importante es su corteza de color marrón grisáceo y tiene un ciclo perenne. Requiere un clima caliente y húmedo. Actualmente se cultiva en Sri Lanka, la India, el sur de la China, Madagascar y Brasil, entre otros países tropicales.

"Cinnamomum verum" Del griego Kinnamomon que significa madera dulce, "Verum" hace referencia a la especie que proviene Sri Lanka (antes Ceylán), la que se consideraba auténtica y la que se comercializa más. Los italianos la llamaron Canella, que significa *"pequeño tubo",* y de allí pasó al español como "Canela"

HISTORIA.- La Canela es bien conocida desde hace 4,000 años. Los antiguos egipcios la utilizaban en el proceso de embalsamamiento.

Se menciona en varios libros de la Biblia.

En Roma en el siglo I dC, Plinio el Viejo escribió que 350 gramos de canela eran iguales en valor a 5 kilogramos de plata. El emperador romano

Nerón ordenó años de suministro de canela para ser quemada después de que asesinó a su esposa.

En la época Medieval los médicos utilizan la canela en medicamentos para tratar tos, ronquera y dolor de garganta. También era apreciada por ser útil para conservar la carne, debido a los fenoles que inhiben la bacteria responsable de la putrefacción, además que con el aroma de la canela se encubría el hedor de la carne echándose a perder.

USOS MEDICINALES.-

Tonifica el aparato digestivo produciendo un aumento de los jugos gástricos.

Evita la hinchazón, las flatulencias y las náuseas, y ayuda contra la acidez.

Estimula las funciones circulatorias, cardíacas y respiratorias.

Es buena en casos de malestares de hígado y neuralgia.

Su acción de calentamiento se utiliza para el tratamiento de los resfriados y la gripe, así como la artritis y el reumatismo.

Las mujeres la toman cuando se les retrasa la menstruación.

Se emplea comúnmente contra la infertilidad. Así como también es usada para inducir el parto y para producir más leche materna.

La canela tiene buenos efectos contra la diabetes, tomarla

ayuda a reducir las cifras de azúcar en la sangre en las personas diabéticas, regula la actividad de la insulina; no estimula la liberación de insulina, pero ayuda a trabajar más eficazmente la ya existente.

Con tan sólo media cucharita de canela puede ayudar a disminuir los niveles de colesterol y triglicéridos en la sangre. Y está entre las especias y condimentos para bajar de peso.

Uso tópico: - Por sus cualidades astringentes detiene la hemorragia de la matriz.

Los compuestos fitoquímicos de canela alivian alergias, reducen el dolor, atacan las bacterias y los hongos, y desinfectan heridas.

Cuando existen abrasiones en la boca y en la lengua por comer o tomar cosas calientes, se chupa una barra de canela y el dolor disminuye y se cicatrizan las papilas gustativas.

La canela fortalece los tejidos fláccidos. Alivia el cansancio de las piernas. Espolea la producción de fluidos corporales, aumentando la sudoración, la secreción de lágrimas, saliva y mucosidades. Posee una gran fama por sus efectos contra las infecciones ocasionadas por virus y otras enfermedades contagiosas en piel y cuero cabelludo.

Se utiliza para relajarse. Para los orientales comunica fuerza y energía, y es útil en caso de debilidad, de disminución del vigor sexual y de la frigidez. Ayuda a recuperarse de los estados de agotamiento y de depresión.

Los campesinos la usaban, o la usan, como el "energy drink " de ahora, no se iban a la labor sin antes tomar un té de canela... y si era con un chorrito de alcohol, mejor.

La canela es útil en el tratamiento de la gripe. Tiene un efecto positivo en los sistemas digestivo y linfático.

En la piel tiene un efecto astringente y ayuda a endurecer la piel suelta. Estimula las facultades creativas, facilitando el uso de las aptitudes innatas. Aumenta la capacidad psico-emocional, elevando el espíritu incluso en las circunstancias adversas.

La canela es muy usada en la cocina, en postres, pasteles, dulces, etc. Es también ingrediente de muchas salsas curry y otros platillos de oriente en donde se emplean el polvo y las hojas del canelero. Es muy utilizada para la elaboración de dentífricos.

El aceite esencial de canela tiene propiedades anti-infecciosas y antimicrobianas. Este aceite es un irritante de la piel y nunca debe utilizarse puro sobre ella. Para uso como desinfectante se recomienda usarla en un vaporizador.

¡La canela da energía, cura y da sabor!!!

ALCAPARRAS

CAPERS

Capparis spinosa, L

Puede ser que al oír la palabra "alcaparra" se te venga a la mente algún objeto o de charrería como chaparreras, o alguna otra cosa, menos una planta. Y si alguna vez viste las alcaparras en vinagre en las tiendas has de haber pensado que eran huevecillos de pescado o algo parecido... y es que la alcaparra no es una planta muy conocida entre nosotros, pero aquí la vamos a conocer.

La planta de Alcaparra, ***Capparis spinosa,*** *(*de allí el nombre de ***"Capers"*** como se le llama al fruto en inglés), es originaria de las costas occidentales del Mediterráneo. Pero también se cultiva en la zona central Europa, Norte de África y Asia.

Conocida en algunos países como *tápera* o *tápara*, la alcaparra es una arbusto muy espinosa; tiene, tanto en sus ramas como sus brotes, numerosas púas que se dispersan por el suelo. Su raíz, cubierta de una recia corteza, tiende a ser leñosa. Las hojas de la *Capparis spinosa,* (alcaparra común) son de un verde oscuro, y tienen forma redondeada como las del membrillo. Aunque hay una variedad con hojas alargadas, anchas y puntiagudas.

Las flores, de color blanco violáceo, dan lugar a un fruto alargado, el cual se parece bastante a una oliva, que a su vez contiene numerosas semillas de color oscuro, aplanadas y rugosas.

Aunque el principal uso de la alcaparra es en la gastronomía, como los **aperitivos** que se preparan al cocinar La *alcaparra* (capullo de flor) y los *alcaparrones* (el fruto). De hecho estas partes son las que se emplean de forma culinaria. Deliciosas y excelentes para abrir el apetito. Sin embargo también tiene la alcaparra propiedades medicinales.

Beneficios de la Alcaparra

Los botones de la planta poseen cualidades estimulantes del apetito. En la antigüedad era utilizado *para aliviar afecciones hepáticas y del bazo.*

Las alcaparras preparadas con vinagre y un poco de sal eran utilizadas para el *tratamiento del escorbuto*, una falta de vitaminas causada por la deficiencia de vitamina C.

Un cocimiento de la raíz, así como el consumo de la alcaparra natural fresca, es utilizado para una *depuración general del organismo.*

En la antigua Grecia, el té producto de la decocción de la raíz era bebida para el *tratamiento del reumatismo.*

Diurético. Las preparaciones a base de la corteza y la raíz del alcaparro ayudan en problemas de retención de líquidos.

Modos de empleo.- *Cocción*. Se toman 60 gramos de la raíz y se colocan en un litro de agua.

Se pone a hervir durante media hora y después se filtra. Se toman hasta dos cucharadas al día con fines diuréticos y como antiartrítico.

Maceración. Se colocan alcaparras y/o alcaparrones en un recipiente y se cubren por completo en vinagre, se añade un poco de sal y se deja macerar durante un mes completo. Cada semana se debe de cambiar el aceite. Este es una de las múltiples formas en que se pueden preparar platillos que sirvan como aperitivos.

Vino. Se emplean 50 gramos de raíz seca y se maceran con un litro de vino de jerez durante 9 días. Se debe agitar todos los días durante varios minutos. Estimula el apetito, se toma una copa antes de cada comida.

Otro cocimiento (bueno para la gota) Se agregan 5grms de raíz y flor de alcaparra en medio litro de agua pura hirviendo. Se hierve durante media hora, se filtra en un recipiente hermético. Se deben tomar dos cucharaditas al día, una en ayunas y otra en la tarde, 2 horas después de comer. No tomar más de esta dosis.

Se dice que entre más tiernas son sus flores, mas poder curativo poseen. Las flores deben recogerse cuando aún están en capullo, y seleccionar las más pequeñitas.

RESUMIENDO.- Alcaparras es una planta buena para tratar la artritis, el reumatismo y otras afecciones articulares, las cuales son enfermedades degenerativas de las articulaciones y cuyos síntomas se caracterizan por ocasionar inflamaciones y dolor

• Se utiliza para tratar diabetes, digestiones pesadas, estimulan en apetito, etc.

• Se utiliza con gran efectividad para tratar afecciones hepáticas y del bazo.

• Las alcaparras al natural son excelentes depuradores del organismo.

• Se utilizan para mantener la salud del corazón y curar afecciones del sistema cardiovascular.

• Se utiliza también en infusión para tratar gota.

Alcaparrones en vinagre se encuentran en casi todas la tiendas y son usados en ensaladas y en varias recetas de cocina...

BERENJENA

Berenjena es una planta herbácea, de la familia de las solanáceas. Alcanza hasta 5 pies de altura, sus hojas son ovales, angulosas y de color violáceo. Las flores son grandes y de color violeta. Los frutos, de color violeta oscuro, con forma ovoide y alargada, y piel lisa y brillante, son comestibles y muy consumidos en todo el mundo. Su forma, tamaño, y color varían según diversas especies.

Cuando aún no ha madurado, el fruto contiene una sustancia tóxica denominada solanina, hecho que obstaculizó su consumo durante mucho tiempo, sobre todo en Europa. Con el tiempo, el hombre llegó a obtener variedades menos amargas y más comestibles. La solanina es un alcaloide ligado con azúcar, y pierde efecto con la cocción. Se encuentra también en la papa, precisamente en las partes verdosas, que aparecen poco antes de la germinación.

La berenjena es conocida desde la Antigüedad y los científicos suponen que es nativa de la India. En los inicios de la era cristiana, se propagó a otros lugares; esto es sabido, en particular, por los trabajos de Avicena (Filósofo y médico árabe 980-1037)

En los antiguos escritos chinos, se recuerda la berenjena desde el siglo VI; se conocía en África del Norte aún antes de la Edad Media, y también llegan hasta nuestros días algunos detalles sobre el uso que de esta planta hacían los antiguos egipcios. En Europa, la "baya azul" apareció en el siglo XIII, inicialmente en los países más cálidos: Italia, Francia, España y, más tarde, en Bulgaria y Rusia.

A finales del siglo XVIII, comienza a cultivarse en gran cantidad con fines comerciales y, en la actualidad, se encuentra muy difundida, fundamentalmente en la India, China, Irán, Turquía y Japón.

Nombres.- Su nombre científico es ***Solanum melongena***. En inglés se llama *eggplant*; en francés, *aubergine* o *melongene*; en italiano, *petronciana*, o *melanzana*, y en portugués, *berinjela* o *brinjela*. La palabra Berenjena parece venir del sánscrito *vahgana,* que pasó al persa *bādinyān,* luego al árabe y de allí al español *berenjena.*

Propiedades Medicinales.-

Las hojas de la berenjena se utilizan en forma de cataplasmas para ayudar en curaciones de la peil. Preparadas en infusión, activan la secreción urinaria y ayudan a eliminar los cálculos de la vejiga. Su fruto es rico en calcio y fósforo. Es ligeramente indigesta; por eso es mejor comerla al mediodía. Bien cocida es un remedio para el insomnio, disminuye el colesterol y favorece la formación de orina. Su aceite se emplea para aliviar las afecciones reumáticas y activar la circulación mediante masajes. Para eso bastará con freír, en abundante aceite, la piel de dos berenjenas durante dos horas, sin que se quemen, y conservarla en un frasco de cristal cerrado.

Ciertos flavonoides (pigmentos de la piel) de la berenjena tienen propiedades antioxidantes, por lo que es muy utilizada tanto en la medicina herbolaria como la alópata, para la prevención de enfermedades cardiovasculares, degenerativas y del cáncer.

El fruto contiene sustancias que se emplean para el tratamiento de problemas con las grasas, como la hipercolesterolemia, hipertrigliceridemia y otras. Ayuda a reducir el colesterol y a prevenir la arteriosclerosis. También reduce los niveles de glicemia, lo cual es beneficioso para los diabéticos.

La pasta del fruto machacado se utiliza como bálsamo aplicado a la piel quemada por el sol. Machacando berenjena y dejando en reposo en agua un día completo, sirve para calmar los dolores reumáticos, tomando como agua de uso.

La berenjena contiene alcaloides en cantidades demasiado bajas para tener efecto tóxico. Su color violeta oscuro se debe a su elevado contenido en antocianinas.

Aunque el púrpura es el color más común, también hay berenjenas blancas y verdes. De hecho el nombre inglés de *eggplant* se le dio por las berenjenas blancas que se usaban como planta de adorno.

La berenjena contiene nicotina, pero en bajas cantidades, necesita comer 20 libras para igualar la nicotina de un cigarrillo.

MANZANA

El manzano es un árbol de la familia de las rosáceas. Su nombre científico es *Pyrus malus*, crece especialmente en regiones templadas, pero aunque requiere del frío del invierno para conseguir una buena calidad, la manzana es cultivada y consumida por todo el mundo; de hecho, se piensa que es el árbol más antiguamente cultivado por el hombre, y no sólo porque lo puso la biblia en el Paraíso.

Su origen preciso es desconocido, la especie *Malus*, se cree que es el resultado de cruces de variedades silvestres europeas y asiáticas y todas las especies que se cultivan en la actualidad proceden de cruces o híbridos de la especie de manzanos *Malus domestica.*

Mide entre los 5 y los 12 metros. No es un árbol espectacular, pero su fruto, la manzana, sí lo es. Hay una gran variedad de manzanas. El color va desde el amarillo casi blanco hasta el rojo muy oscuro, pasando por el verde intenso. La pulpa es de estructura firme y carnosa, de color crema con variaciones de claro a oscuro para todas las especies cultivadas. También varía su forma que va de esférica a ovalada; su tamaño puede ser desde tan pequeña como una uva hasta grande como una toronja.

La manzana es un fruto agradable, nutritivo, sano, digestivo y muy medicinal. Es muy rica en vitaminas y minerales *(sodio, magnesio, potasio y fósforo)* y tiene efectos desintoxicantes y refrescantes. Además, está indicada para la prevención y la cura de muchas dolencias. Su consumo diario evita muchas enfermedades. *"An apple a day keeps the doctor away"* dicen en inglés.

Algunos usos y Beneficios de la Manzana

Asma y enfermedades análogas: Poner sobre el pecho compresas calientes humedecidas en cidra (Vino de manzana).

Fiebre: Tomar el jugo de esta fruta.

Anemia, afecciones del estómago, biliosidad, insomnio, cálculos del hígado y de los riñones, bronquitis: Comerla con frecuencia y en abundancia.

Depuración, Respiración: La manzana es purificadora y eliminadora de impurezas que intoxican el organismo. Para las enfermedades de las vías respiratorias, es un excelente medicamento natural.

Tos persistente, resfriados, gripe, catarros: Tomar una manzana y quitarle *el corazón* (centro y semillas), poner en el lugar del corazón (de la manzana) una cucharadita de miel de abejas. Cocinar a fuego lento hasta que desprenda un jarabe, que deberá tomarse en las mañanas y en las noches. Para la tos también se recomienda hacer gárgaras de la infusión preparada con la cáscara de las manzanas y jugo de limón.

Bronquitis, enfermedades del sistema respiratorio: Picar varias manzanas, (muy limpias) y cocer en un poco de agua, colar y exprimir la fruta. El jugo obtenido se vuelve a cocer hasta el hervor, se endulza con miel de abejas. Tomar hasta obtener mejoría.

Problemas digestivos, hipertensión, corazón, nervios.- Pelar y preparar una pasta con la pulpa de las manzanas, poner a fuego lento con igual cantidad de miel hasta que se forme un jarabe que debe consumirse fresco.

Té contra la inflamación de vejiga.- Pelar una manzana dura, quitarle las semillas y cortarla en rodajas. Cocinarla en medio litro de agua, durante 20 minutos. Filtrar el líquido, agregar la pulpa colada y una cucharada de miel. Beber dos tazas diarias.

Diarrea: Rallar una manzana finamente, tomar de 200 a 300 gr. cinco o seis veces al día.

Artritis: Licuar una libra de manzanas en un litro de agua, dejar en reposo por 15 días. Tomar diariamente ¼ de vaso del líquido reposado endulzado con miel de abejas.

Purgante: Consumir manzanas sin cáscara, ni semillas al desayuno, almuerzo y comida. A los niños puede dárseles rallada y cruda, o en compota.

Estreñimiento.- Es un laxante suave y constituye una rápida solución para curar el estreñimiento en niños y adultos. Para eso se prepara en forma de...

Jarabe de manzana.- Se ralla una manzana y se añade el mismo peso en azúcar, dejando la mezcla en reposo durante un día; pasado este tiempo, se filtra y se exprime bien el residuo

Piel y cabello: Para cutis terso y crecimiento del cabello, consumir manzanas y zanahorias como desayuno por 15 días. Las cáscaras de frutas como manzanas, papaya, limón y uvas contienen ceras naturales que protegen el cabello contra las agresiones del ambiente.

Cicatrices, heridas, úlceras externas, labios partidos, pezones agrietados: Cocinar ligeramente tres manzanas, macerar hasta obtener una crema, agregar dos cucharadas de aceite de oliva, cereal de trigo y 10 almendras molidas, se mezcla muy bien y se aplica en la zona afectada hasta que sane. *Para las heridas* se puede aplicar manzana triturada y cocida en su propio jugo. Para *Cicatrizar heridas y úlceras,* también se puede aplicar sobre la zona afectada jugo de manzana mezclado con aceite de oliva.

En la cáscara de la manzana está la tercera parte de la fibra y muchos de los antioxidantes que ayudan a regenerar las células reduciendo el riesgo de algunas enfermedades y ayudando a no aumentar desproporcionadamente de peso, mejorar la función de los pulmones, bajar el riesgo de cáncer y ataques y enfermedades del corazón. Por eso es mejor comer las manzanas sin pelar... No contienen sodio ni grasa ni colesterol...

"con una manzana al día ni doctor necesita"

SÁBILA

La planta aloe vera pertenece a la familia de la liliáceas. Existen más de 200 variedades. Es planta perene, es decir mantiene sus hojas a lo largo del año. Se caracteriza por sus hojas duras y gruesas en forma de lanza o sierra, con borde espinosos y que terminan en un ápice puntiagudo. El color de las hojas o espadañas varía desde el gris hasta el verde brillante, aunque algunas especies tienen hojas veteadas, jaspeadas y rayadas.

Esta planta, cuyas virtudes medicinales y su uso en productos de belleza son conocidos desde la antigüedad, es también llamada sábila y acíbar.

Como ocurrió con tantas plantas medicinales, muchos de sus usos se perdieron en Occidente durante siglos. Fue introducida la sábila en el continente americano gracias a los colonizadores.

El nombre científico del aloe varía según la especie de la que se trate. Está el *Aloes vulgaris*, originario de África, el *Aloes humilis*, el *Aloes barbadenisis* y, entre otras el *Aloes soccotrino,* originario de la isla de Socotorá en el mar Rojo. La palabra *vera* significa en latín *"verdadera"*. En inglés es *bitter aloes* y en portugués *babosa* o *erva babosa.*

Las distintas especies de aloe son plantas que pueden sobrevivir largos periodos de sequía e incluso pueden vivir en lugares desérticos.

Propiedades.- Las hojas poseen una savia gomosa y gelatinosa, de olor intenso y sabor picante. Esta savia o jugo es la que posee las mayores propiedades. Además, de las puntas de las hojas se extrae un jugo amarillento que también tiene aplicaciones.

Del centro de las hojas crece un tallo delgado sin hojas que, en primavera, se corona con flores amarillas y rojas –con forma de tubo- y por pequeños frutos con forma de cápsula, que contienen las semillas.

Formas de uso.- *Para quemaduras*: en las quemaduras más leves, (primero y segundo grado) puede aplicarse directamente el jugo sobre la zona afectada. En quemaduras más graves, se requiere una previa desinfección de la herida y posterior atención médica. En tratamientos prolongados, se aconseja el uso de ungüento en vez de jugo.

Quemaduras de sol: debe aplicarse antes de exponerse a los rayos del sol y luego de nadar o sudar excesivamente. Para una quemadura leve, rocíe la piel con rociador o aplique suavemente con un algodón. El tratamiento debe repetirse con frecuencia para reducir el ardor, la sequedad y el desprendimiento de la piel.

Alergias y comezones.- El jugo de aloe ayuda a inhibir y reducir la comezón provocada por reacciones alérgicas. También puede utilizarse para reducir el ardor y el dolor en casos de contactos con hiedras venenosas u otro tipo de plantas irritantes...como la ortiguilla y la poison ivy

Otros beneficios de la Sábila.

A nivel digestivo: La sábila tiene cualidades como emenagoga (ayuda en la menstruación) y purgante, por lo cual es recomendada como laxante suave. Recuerde que su acción laxante se genera después de 8 horas de consumida.

También se usa para mejorar las funciones digestivas, por su efecto tónico.

Para el estreñimiento. Es recomendable cocinar 5 gramos de linaza en una taza de agua, una vez que hierva se deja reposar por algunos minutos y se lleva a la licuadora junto con 3 cucharadas de jugo de sábila. Esta bebida deberá ser ingerida inmediatamente después de preparada y se deberá hacer tres veces al día, especialmente útil en casos de estreñimiento crónico.

Una receta para complementar los tratamientos contra las *afecciones de colon* es mezclar una cucharada de jugo de sábila, una cucharada de miel de abejas, el jugo de una naranja dulce y un vaso de agua. Esta mezcla debe ser licuada y colada y tomarse todas las mañanas en ayunas.

Para mejorar la digestión.- Mezclar en dos vasos de leche hervida o pasteurizada 3 cucharadas de jugo de sábila, y dos vasos de agua. Los ingredientes se licúan y se dejan reposar un rato. Esta bebida debe ser ingerida durante el día, y si es necesario se puede endulzar con miel de abejas al gusto.

Sin lugar a dudas los beneficios más importantes y más conocidos de esta planta son para la piel. Ayuda a **combatir la celulitis, Erisipela, el acné, para aliviar y disminuir el dolor ocasionado por las varices, hemorroides, así como llagas y erupciones.**

Muchos otros usos se le dan a la *"planta milagro", la* Sábila, incluso para solucionar algunas afecciones respiratorias, como la bronquitis, y para problemas de la próstata, entre otros usos.

Usted sea siempre prudente, infórmese y pregunte a quien más sepa.

éstiflit.   Chamalcon.   Mançanilla.

MANZANILLA

Manzanilla común *(Matricaria chamomilla L.)*. otros nombres que se le dan son *manzanilla de Aragón, manzanilla alemana, manzanilla dulce, capomilla, camamilda,* entre otros.

La manzanilla es una planta herbácea de 8 a 16 pulgadas de altura, con un tallo liso y ramificado. Las hojas con el ápice estrecho y espinoso. Tiene flores tubulosas amarillas y flores liguladas blancas.

Es una de las más apreciadas plantas medicinales digestivas y también una de las más usadas para niños. Se usan las flores en té, como antiinflamatorio, desinfectante, diaforético y calmante.

El té, (una cucharada de flores en un litro de agua) se utiliza en la gripe. En aplicaciones externas se utiliza para limpiar y tratar heridas,

Nauseas: La infusión de manzanilla enriquecida con ralladuras de jengibre mitiga las náuseas. Si son de origen nervioso, es mejor que la combines con tila.

En algunas personas, la manzanilla favorece el vómito, un efecto secundario que puede resultar útil en caso de intoxicación.

Orzuelos e inflamación de los párpados: Mezclada con flores de saúco y de rosal, la manzanilla reduce la inflamación y el enrojecimiento de los párpados. Prepara el té con una cucharada de la mezcla, remoja una gasa o un trapo bien limpio en el té y colócalo sobre los párpados.

Indigestión: El té de manzanilla favorece la digestión de las comidas difíciles. Muy útil en caso de úlcera, gastritis, diarrea, inapetencia y síndrome de colon irritable. En caso de gases, combínala a partes iguales con anís verde y emplea una cucharada por taza de agua hirviendo.

Molestias bucales: Debido a que tiene un efecto anestesiante, un té tibio de manzanilla –a razón de una cucharada y media por vaso-, calma el dolor de muelas, previene la aparición de llagas y ayuda a aumentar la producción de saliva.

Dolores musculares: Por su potente acción antiespasmódica y calmante, un té bien cargado de manzanilla, aplicado en una compresa, contribuye a calmar el dolor muscular provocado por el ejercicio intenso, las malas posturas o la tensión. En caso de artrosis o de ciática, macera dos puñados de manzanilla en 1 litro de aceite de oliva durante unas horas, filtra y aplica lo loción ejerciendo un suave masaje.

Para niños nerviosos: Cuatro cucharaditas de manzanilla seca en medio litro de agua caliente. Deja reposar unos cinco minutos y luego añade la preparación al agua del baño.

Para la belleza: Enjuaga el pelo con té cargado de manzanilla –cuatro cucharadas por medio litro de agua-, no sólo ayuda a aclarar el cabello, también alivia la picazón del cuero cabelludo y disminuye la descamación del mismo, la caspa.

Para encías y dientes: Los enjuagues con té de manzanilla calman la irritación bucal y la inflamación de las encías.

Digestivo. La manzanilla común aumenta la producción de jugos gastrointestinales, favoreciendo las digestiones.

Antiespasmódico. La manzanilla común produce una relajación del músculo liso.

Anti úlcera péptica. Tiene un efecto protector frente a la formación de úlcera péptica por ácido acetilsalicílico.

Antiinflamatorio. El aceite esencial de manzanilla común es un potente antiinflamatorio.

RESUMIENDO.- Tradicionalmente se ha utilizado la manzanilla para el tratamiento de Digestiones difíciles, Tos. Bronquitis. Resfriado común. Fiebre. Dermatitis. Conjuntivitis. Lesiones cutáneas. Quemaduras. Estomatitis. Faringitis La diarrea. Úlcera péptica. Insomnio. Nerviosismo. Ansiedad.

También se ha utilizado por vía tópica para el tratamiento de hemorroides, forúnculos, abscesos o acné.

Las flores de manzanilla no pueden guardarse de un año para otro, deben ser de la cosecha anual.

Contraindicaciones. - aunque en algunos casos pueden producirse dermatitis

Tomada en gran cantidad, la infusión de manzanilla puede producir nauseas e insomnio. En las personas alérgicas, la planta fresca puede producir dermatitis de contacto. En los enfermos tratados con medicamentos, la manzanilla puede aumentar los efectos de los anticoagulantes, anti-agregantes plaquetarios y depresores del sistema nervioso central. En los animales de experimentación estimula la actividad uterina, aunque por regla general esta planta es considerada como inocua durante el embarazo siempre que se consuma en cantidades moderadas

Asma. La manzanilla común debe usarse con precaución en caso de asma, debido a que se ha descrito la aparición de reacciones anafilácticas (aumento de sensibilidad del organismo) en pacientes asmáticos asociadas al uso de manzanilla común.

Por estas razones y por sentido común, siempre es recomendable consultar a su médico de confianza.

CILANTRO

Coriandrum. Culantro.

El cilantro es una planta anual, de la familia de las umbelíferas. Su nombre científico es **coriandrum sattium** en ingles *coriander,* en francés coriandre, en italiano *coriandolo* y en portugués *coentro.* En Perú y otros lados le dicen culantro, aunque el culantro es una planta diferente, de la misma familia y de olor parecido, pero diferente. Al culantro lo llaman algunos *el falso cilantro.*

El cilantro tiene un tallo cilíndrico, erecto y estriado, de unos 50 cm de altura. Sus hojas son de color verde brillante y las flores blancas o rosadas, se disponen en umbelas. Los frutos son redondos, pequeños y exhalan, como toda la planta, un olor fuerte e intenso. Antiguamente se los secaba y se los empleaba para conservar carne.

Sus semillas molidas se emplean en la preparación de la salsa curry (sobre todo en Tailandia) también se utiliza en perfumería, licorería y farmacología.

Los frutos se recogen al final del verano, se secan a la sombra y al aire libre, se trituran y deben guardarse protegidos de la humedad, preferentemente en frascos herméticos de vidrio.

Tiene propiedades carminativas, (favorece la expulsión de gases) estomacales y estimulantes de las funciones hepáticas. Es un buen desinfectante intestinal. Por un componente llamado dodecanol previene envenenamientos, pues mata la bacteria de la salmonella.

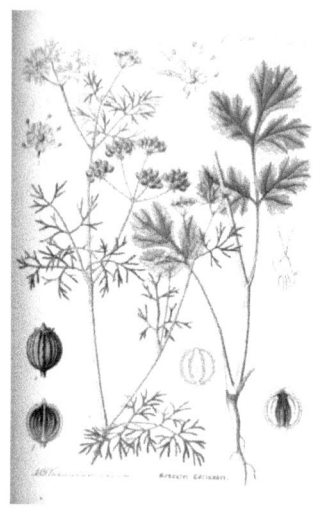

Formas de uso.-

Tintura estimulante estomacal.- Macerar 5 g de frutos en 50 cm cúbicos de alcohol de 60° durante cinco días. Filtrar, guardar en frasco con cuentagotas y tomar 15 gotas después de las comidas.

Té estimulante hepático.- Verter 5 g de frutos secos en una taza de agua hirviendo. Filtrar, endulzar con miel, y beber inmediatamente después de las comidas.

No contiene colesterol. Es rico en anti-oxidantes y fibra dietética que ayuda a reducir el colesterol malo, al tiempo que mejora los niveles del buen colesterol.

Las hojas y tallos del cilantro son ricos en minerales como potasio, calcio. Manganeso, hierro y magnesio. El potasio es un componente importante de células y fluidos del cuerpo que controlan el ritmo y presión cardíaca. El hierro es esencial para la producción de glóbulos rojos. El manganeso es usado por el cuerpo como co-factor para las enzimas anti-oxidantes.

El cilantro es rico en vitaminas incluyendo el ácido fólico, riboflavina, niacina, vitamina A, beta caroteno, vitamina C, esenciales para la salud.

Las hojas de cilantro proveen el 30% de la vitamina C recomendada diariamente.

Contiene 6748 unidades de vitamina A por cada 100 g, como el 225% de lo que se recomienda al día. La vitamina A disuelve la grasa y es antioxidante, requerida para mantener la piel y las membranas mucosas saludables, además de ser esencial para la vista. Consumir alimentos naturales ricos en vitamina A y flavonoides (carotenos) ayuda a proteger el cuerpo de cánceres de los pulmones y cavidad bucal.

El cilantro es una hierba rica en vitamina K, proveyendo hasta 258% de lo recomendado diariamente. La vitamina K juega un papel potencial para construir masa ósea y prevenir la osteoporosis. Evita daños en las neuronas previniendo el alzhéimer.

El cilantro también es analgésico, afrodisiaco, antiespasmódico, (un espasmo es una contracción brusca e involuntaria de los músculos) desodorante, digestivo, carminativo, fungicida, lipolítico, (bajar de peso) estimulante y estomacal.

Se menciona muchas veces en la Biblia y su fama va a unos 7 mil años atrás en la historia con menciones como medicina y alimento. Algunos antiguos egipcios creían que era alimento para los muertos en la otra vida y se han encontrado semillas de cilantro en tumbas antiguas.

Muy usado en Asia, India y Latinoamérica. Estados Unidos y Europa lo van aceptando muy poco a poco.

El nombre *coriander* le viene del griego, *Coris* que quiere decir chinche, pues les hallaban parecido a los olores de la planta y del animal.

ἀδίαντον. *Adiantum.* Culantrillo del pozo.

NOPAL

Opuntia ficus-indica, es el nombre científico del que es conocido popularmente como nopal, tuna o chumbera; sus frutos comestibles, las tunas o higos chumbos, son muy populares en México, Chile, Perú, las Islas Canarias, Andalucía, Marruecos y el oriente de español.

Los nopales fueron introducidos en Europa por los conquistadores y se naturalizaron fácilmente en la región mediterránea.

Es el nopal una planta perteneciente a la familia de las cactáceas, constituida por unas 1400 especies de plantas carnosas, suculentas, con el tallo segmentado en palas, pencas o rodelas, que se superponen. Tiene espinas por toda la superficie de su cuerpo, formado por las pencas engarzadas unas sobre otras.

Su altura alcanza tres metros y más. Las pencas o espátulas tienen forma de corazón, en la parte inferior que es estrecha y son redondeadas en la superior que es más ancha.

Las flores también nacen sobre las palas o pencas, sobre todo en sus bordes.

Oriundos del continente americano, habitan desde el norte de Estados Unidos hasta la Patagonia, donde crecen de forma silvestre. Abundan en México, donde aparecen por todos lados y figuran en las leyendas y hasta en el escudo nacional...

Los nopales florecen y fructifican el verano. De su recolección con fines medicinales interesa toda la planta, desde las palas-pencas -que técnicamente se denominan filocladios- hasta las flores y los frutos. Las pencas o filocladios, recién cortados, contienen hasta un 90% de agua, que se convierte en mucílago gracias a los glúcidos que se hinchan en su seno.

Propiedades del Nopal.- Nutritivo, diurético, antiespasmódico, emoliente. Antiinfeccioso, Antidiarreico.

El nopal puede disecarse y conservarse, con él se preparan excelentes mermeladas y hasta helados. Las pencas pueden utilizarse para alimento de animales. De las tunas fermentadas se puede obtener una bebida llamada colonche. También se puede destilar ese fermentado y lograr un licor de tuna más fino.

En las flores encontramos flavonoides y también algo de mucílago y en el jugo de los frutos tenemos pectinas, taninos, vitamina C y hasta un 12% de azúcar.

Compuestos químicos: Mucílagos, azúcar, ácido glutámico, ácido cítrico, ácido málico, ácido oxálico, vitamina C. Las pencas, por su alto contenido en mucílago, son emolientes. Las flores tienen una acción astringente, espasmolítica y diurética y los frutos son astringentes, vitamínicos y antidiarreicos.

Esta variada composición de la planta hace que las pencas de nopal sean usadas en furúnculos, abscesos, gastroenteritis y reumatismo.

A su vez, las flores se utilizan contra los espasmos gastrointestinales, las diarreas y en casos en los que necesite aumentar la producción de orina.

Los frutos, tunas, en todas sus variedades se comen como cualquier otra fruta. Si se quieren tomar de postre, es mejor beneficiarse del jugo que sueltan (convenientemente preparado).

Decocción.- Se prepara a partir de las pencas, previamente limpiadas. Esta tisana se utiliza muy eficazmente contra el catarro, la tos, la cistitis y la gastroenteritis.

Si la afección a tratar es un furúnculo o un absceso, entonces se aplican pencas calientes en forma de cataplasmas.

Jarabe.- Se pelan las tunas y se cortan en rodajas; se colocan en un recipiente adecuado y se cubren con azúcar, dejándolas macerar durante una noche. A la mañana siguiente se ha formado un exquisito jarabe, que se pasa a través de un colador y se toma bien frío. Si se va a usar para amortiguar la tos, entonces se puede calentar un poco.

Obesidad. Se toma jugo de nopal con naranja o alguna otra fruta para ayudar a bajar de peso. Gracias a la gran cantidad de fibra que tiene esta planta, ayuda retardar el tiempo en que se absorben y entran a la sangre los nutrientes y por lo tanto facilita su eliminación. También, las fibras insolubles que contiene, crean una sensación de saciedad, haciendo que disminuya el hambre, aparte de que ayudan a la buena digestión. Así mismo, las proteínas vegetales promueven la movilización de líquidos en el torrente sanguíneo disminuyéndose la celulitis y la retención de líquidos.

Diabetes e hiperglucemia. Se dice que el nopal ayuda a las personas que padecen diabetes. Incrementa los niveles y la sensibilidad a la insulina, logrando con esto estabilizar y regular el nivel de azúcar en la sangre. Se han llevado a cabo investigaciones en el Instituto Politécnico Nacional mexicano donde se documenta que el nopal disminuye las concentraciones de glucosa en la sangre.

La ingestión de nopal antes de cada alimento, durante 10 días, provoca la disminución del peso corporal y reduce las concentraciones de glucosa, colesterol y triglicéridos en sangre. Esto se ha visto solamente en personas que son resistentes a la insulina, o sea en pacientes con diabetes tipo II, pero para las personas que tienen diabetes tipo I (que no producen insulina), el consumo de nopal no sustituye las inyecciones de ésta.

Colesterol. El consumo de nopal, ayuda a eliminar el colesterol, evitando que se absorba gran parte de éste y así no se acumula en venas y arterias.

Muchos otros beneficios para la buena salud se le siguen atribuyendo al nopal, como antibiótico y preventivo de cánceres. Como a otra plantas, lo importante es tenerle fe, la gente que tiene fe y esperanza vive más años y si le añades a la fe y esperanza el amor, vivirás más años y más feliz.

El nopal se siguen estudiando y se le siguen encontrando propiedades tanto medicinales como industriales.

HIGO

tot. Ficus fativa. Higuera y Higos.

La higuera es originaria de Asia, se ha cultivado con éxito en algunas zonas de América y el mediterráneo y se ha cultivado por lo menos desde unos 11,000 años antes de nuestra era. Se encontraron higos fosilizados con fecha que se calcula alrededor de 9400-9200 a. C. en un poblado neolítico del Valle del río Jordán. Lo que indica que los higos pueden haber sido de los primeros cultivos domesticados. Pudo haber sido en Siria donde empezaron a cultivarse, ya en la pirámide de Egipto se encontraron algunos jeroglíficos que representan a la higuera, y además es mencionada a lo largo de toda la historia, desde griegos, romanos, egipcios, la Biblia, los primeros libros de medicina y hasta los libros de magia, porque en la Edad Media se le atribuyeron poderes mágicos y curativos al higo. Siglos más tarde llegarían al continente americano con los conquistadores.

Aunque consideramos a los higos como el fruto de la higuera, en realidad éstos son una flor invertida hacia adentro y el verdadero fruto son las pequeñas "semillas" que se albergan en su interior de esa sabrosa fruta-flor.

Beneficios de los higos.- A nivel digestivo son muy benéficos, pues, además de su alto contenido de fibra, son un tónico general y muy valioso por nutritivos y energéticos. Son útiles en casos de estreñimiento, especialmente el higo maduro, pues es buen laxante.

El látex, esa leche que segregan los higos y las hojas, es rico en *ficina*, la cual es digestiva y se recomienda en casos de indigestión o tránsito lento ya que estimula, sobre todo, los procesos digestivos de esas comidas que contienen grandes cantidades de proteínas.

Desde el siglo XVII el látex blanco del higo y la higuera se han usado contra las quemaduras de sol, manchas en la cara, llagas y piquetes de animales ponzoñosos. También sirve para eliminar callos y verrugas. Se bañan las verrugas varias veces al día, con látex de higo, de hoja o de rama de higuera, hasta que se ablanden. Luego las verrugas se caerán solas con la ayuda de baños de agua caliente.

Una receta casera muy práctica para combatir la *tos ferina* es hervir 20 gramos de polvo de higo en medio litro de agua. Esta preparación se reparte en cuatro tomas al día.

Por vía externa se usan cataplasmas de higos partidos o de hojas sobre las úlceras.

Para sacar la materia de las llagas es necesario poner 4 higos en un recipiente pequeño que tenga tapa y se pueda llevar al horno, se agrega leche hasta cubrir los higos y se hornea por una hora a una temperatura de 159° aproximadamente. Luego de ese tiempo las frutas absorberán la leche y se deberán cortar a la mitad para aplicar directamente sobre las llagas.

Entre algunos de los usos más populares de esta planta está el de consumirla con más frecuencia al llegar a los 30 años de edad para prevenir la osteoporosis.

Se dice que actúa como dilatador en el momento del parto y para combatir trastornos ginecológicos como la amenorrea y la dismenorrea.

Para desintoxicar el organismo una fácil y sabrosa forma es consumir entre 1 y dos kilos de higos dos veces por semana, por supuesto que dependiendo de la tolerancia hacia la fruta y el apetito de la persona.

Comer higos es bueno para mantener los riñones saludables... Además, por su alto contenido vitamínico los higos sirven como relajante y contra el estrés.

Para aliviar los dolores de garganta se recomienda hervir en dos tazas de agua 3 higos picados, se dejan a fuego lento por 5 minutos, luego se retiran y se tapa para dejar enfriar la mezcla. Luego se toma media taza cada cuatro horas.

Para disminuir la irritación en los pulmones: Se cocinan a fuego lento 5 higos en dos tazas de agua, se dejan que hiervan y luego dejar enfriar, se toma esta bebida cada cuatro horas para tener un pronto alivio.

Muchas cosas maravillosas más se pueden decir del higo y la higuera. ***Resumimos diciendo que entre sus propiedades se le considera:*** *Anticancerígeno, hipotensor, digestivo, emoliente, (desinflama) galactogoga, (da leche a las madres que amamantan) laxante, pectoral, digestivo, tónico. Se utiliza en casos de estreñimiento, úlceras gastrointestinales, afecciones respiratorias (resfriados, gripe, faringitis, bronquitis, enfisema, asma), irritaciones gastrointestinales (gastritis, colitis), lombrices...* y desde siempre ha estado asociada la higuera con la potencia viril... Los griegos la dedicaron al dios Dionisio, los romanos a Príapo, que se representaba como un falo erecto. En las ceremonias paganas el falo se hacía con madera de higuera.

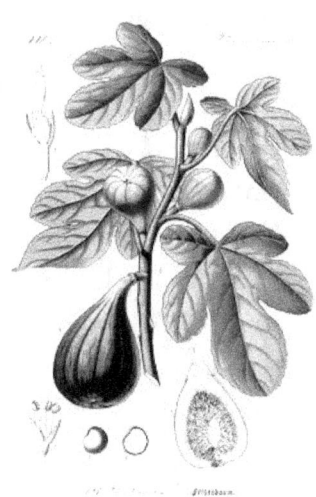

La señal que usamos de empuñar la mano y extender el dedo anular, era odiada ya entre los griegos y era conocido como *"dar la higuera"*, Los italianos le llaman *"fare fica"* y en partes de España lo llamaban *"dar la higa"*... los mexicanos nomás decimos *¡Toma!*

¡Coma higos, son buenos!

207

LENTEJA

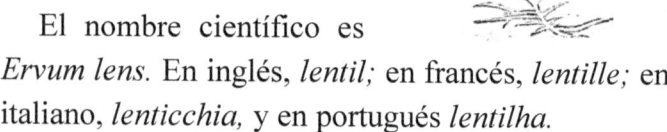

La lenteja es de la familia de las leguminosas. Se sabe que hace 9,000 años ya existían y se consumían.

A partir de Irak fue extendiéndose hacia el Mediterráneo por Grecia. Egipto fue un país importante en fomentar su uso.

El nombre científico es *Ervum lens*. En inglés, *lentil;* en francés, *lentille;* en italiano, *lenticchia,* y en portugués *lentilha*.

La *"lens culinari"*, lenteja común, es una legumbre de cultivo anual con distintas variedades de tamaños y colores, pero con muy similares propiedades alimenticias y medicinales.

Como alimento es especialmente benéfico en casos de anemia y debilidad por su alto contenido de hierro. Después de la carne y la soya, las lentejas tienen el más alto nivel en proteínas, un 30% de sus calorías vienen de proteína. Las proteínas incluyen los aminoácidos *isoleucina y lisina,* por lo que las lentejas son una fuente esencial de proteína barata en muchas partes del mundo, especialmente en Asia occidental y el subcontinente indio, que tienen grandes poblaciones vegetarianas.

Las lentejas contienen fibra dietética, vitamina B1, ácido fólico y minerales. Por ser tan nutritivas, se han recomendado como uno de los cinco alimentos más saludables

ALGUNOS BENEFICIOS DE LAS LENTEJAS
-Alivian el estrés y la Depresión.

-Reducen el colesterol, ayudando con eso en las enfermedades cardiacas al disminuir las grasas debido a su contenido en fibra y poca grasa.

-Buenas durante el embarazo y la lactancia.

- Benéficas en el tránsito intestinal.

- Ayudan en la osteoporosis y la descalcificación.

- Problemas cardiovasculares y degenerativos.

- Son buenas para los dientes y los huesos, cabello, piel, uñas, reuma y gota.

- Diabetes, anemia y problemas de Colón, además tienen cierto poder afrodisíaco.

Resultan ideales en la alimentación de los niños y adolescentes en edad de crecimiento para que puedan tener energía suficiente en sus juegos. Buenas para personas que realizan algún ejercicio físico.

-Buenas para ancianos por ser fáciles de conseguir, baratas, fáciles de masticar.

-Ayudan a evitar la aparición de síntomas de depresión y mal humor.

-Pueden ser un buen afrodisíaco, ya que las lentejas son ricas en cinc y este mineral es muy importante para el control hormonal que influye en el deseo sexual y en la producción de esperma.- Son buena fuente de hierro, buenas para las mujeres con tendencia a sufrir reglas muy abundantes y personas que padecen habitualmente hemorragias nasales. Incluso ayudaría a prevenir las infecciones vaginales, ya que se ha comprobado que las mujeres con bajos niveles de hierro son más propensas a sufrirlas.

-Al tener hidratos de carbono que se absorben lentamente, presenta una doble ventaja: Por un lado, mantienen la sensación de estar saciados, durante más tiempo, lo que contribuye a que la absorción de los hidratos de carbono sea todavía más lenta, mejorando el tránsito intestinal. Y por otro lado, mantienen los niveles de azúcar dentro de la normalidad sin necesitar mucha insulina. Además, por su abundante contenido en fibra, aportan el 12% de la necesaria, facilitando la digestión, siempre y cuando las cocinemos solas o con verduras.-

OTRAS FORMAS USO DE LAS LENTEJAS

Cataplasma para glándulas inflamadas y parotiditis. Cocinar harina de lenteja y agua durante algunos minutos. Extender la pasta sobre un lienzo, dejar entibiar y aplicar sobre el lugar afectado.

Cocimiento intestinal.- Hervir 30 g de lentejas en 120 g de vino blanco, dejar enfriar, filtrar y consumir en dos tomas.

Infusión para afecciones renales.- Verter 20g de lentejas en un litro de agua hirviendo. Dejar reposar 10 minutos. Colar y beber 3 o 4 tazas diarias

Cataplasma contra las paperas.- (parotiditis) y amígdalas inflamadas. Se prepara una papilla espesa con harina de lentejas y agua, cociéndola durante unos minutos. Verter en un pedazo de tela o gasa tupida, dejar enfriar un poco y aplicar sobre la parte enferma. Repetir la operación hasta obtener la curación de la dolencia.

Cocimiento contra el estreñimiento. Hervir 60 g de buen vino y 15 g de lentejas secas. Filtrar el líquido y beberlo en dos tomas.

Cocimiento contra la diarrea.- Hervir 120 g de vino blanco y 30 g de lentejas. Dejarlo enfriar y filtrarlo. Beber en dos veces.

Use prudencia y consulte a su médico

BUGANVILIA

La buganvilia, tam-
bién conocida como
conocida co-mo *Vera-
nera* o *Trinitaria es* un
arbusto trepador, de ta-
llos leñosos de diferen-
tes formas y espinosos
o no, dependiendo de la
especie. Hojas alternas,
y también de una gran
variedad en formas y

tamaños aún en la misma especie. Las espinas, presentes en las axilas de muchas hojas, le a la planta
para trepar sobre otras plantas.

Flores blanco-cremosas que nacen comúnmente
en grupos de tres y son pequeñas y casi ni se notan... ya sé que me vas a decir que hay buganvilias
de muchos colores, lo que pasa es que a lo que muchos llaman la flor de la buganvilia en realidad son
las brácteas, que son esas hojas, que pueden ser de
diferentes colores, que rodean a la flor. (Igual como
pasa en la flor de Nochebuena).

Una flor, considerada terminal, se abre antes que
las otras dos. Cada flor está sostenida por una
bráctea (hoja modificada) muy llamativa, de colores
diversos: morado, rojo, rosado, anaranjado, blanco,

etc. Las muchas variaciones en color son el resultado de inter-hibridaciones.

La Buganvilia es un género de plantas originarias de la zona tropical de América del Sur. El nombre genérico de Bougainvillea fue creado por Philibert Commerson (1727-1773) un naturista francés, mejor conocido por haber acompañado como botánico al almirante y explorador francés Antoine de Bougainville (1729-1811) en su expedición alrededor del mundo de 1766 a 1769, y en honor al explorador se le dio el nombre a la planta, pues fue el primero que las llevó de Brasil a Europa.

Para uso medicinal se utilizan: Raíces, hojas y flores (brácteas).

Uso interno. Tos, tos ferina, asma, bronquitis, dolor de pulmón, disentería, leucorrea, hepatitis y para tonificar los vasos sanguíneos.

FLORES (brácteas) se emplean frecuentemente para el tratamiento de enfermedades gastrointestinales y respiratorias.

Los médicos tradicionales en la India emplean las hojas de buganvilla como tratamiento para diversos trastornos, contra la diarrea y para reducir la acidez de estomago.

RAÍCES se usa para fiebres y como laxante.

HOJAS también se usan para lavar heridas.

Uso tópico: - aplicaciones: Alferecía (convulsión vahído) de niños, dolor de estómago, mal de orín y el acné.

Se emplean para el tratamiento de enfermedades supurativas de la piel, ya que detiene o disminuye las secreciones.

MAGIA.- Para los amantes de lo mágico, se dice que la buganvilia limpia y equilibra las energías viejas en la casa, que quedan de los habitantes anteriores o de malas experiencias pasadas. Se queman hojas y flores y que el humo penetre toda la casa, es un "humazo".

Se recomienda a personas con malos hábitos y conductas recurrentes que no aprenden de la experiencia y repiten errores. El elixir otorga visión interna para modificar los patrones que en la actualidad no son eficaces. Facilita el aprendizaje; ideal para niños con trastornos escolares y de conducta.

OTROS USOS POPULARES.- La buganvilias se usan principalmente como decoración. Para crear cercas, adornar casas, patios y jardines.

Además con la buganvilia se puede preparar refrescante bebidas. Una es limonada mezclada con té de buganvilia morada es saludable y refrescante, además luce de bonito color. También se usa la buganvilia en elaboración de gelatinas y otros usos culinarios.

Como remedio para la tos y demás enfermedades respiratorias como, asma, bronquitis, gripa y tosferina, los naturistas recomiendan más la flor morada. Tomar el té caliente tres veces al día durante 72 horas. Suspender el tratamiento durante una semana y repetirlo hasta sentir mejoría.

Para tonificar los vasos sanguíneos y disminuir la leucorrea hervir 10 gr de flores secas con 2-4 vaso de agua por un minutos.

En casos de hepatitis hervir 10 gr de tallos secos con 2-4 vasos de agua por unos minutos; beber a temperatura ambiente.

Otras formas de prepara el remedio.-

1) Cocinar 10 gramos de flores de la planta buganvilia morada en medio litro de agua por unos minutos, luego se endulza con miel de abejas y tomar una taza 3 veces al día.

2. Hacer un cocimiento compuesto por 15 flores de buganvilia morada, 10 hojas de eucalipto y cinco gramos de canela en medio litro de agua. Se deja hervir 5 minutos y se endulza con miel de abejas y se toma una taza antes de acostarse.

3. Para la gripa se pone a hervir el agua con las hierbas de gordolobo, buganvilia y la canela; cuando ha soltado el hervor se deja reposar un poco. Se endulza con poca azúcar o mejor con miel.

YERBA DEL SAPO

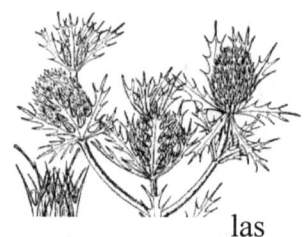

Eryngium heterophy-llum, nombre científico de la planta conocida como **yerba del sapo**, es una planta nativa de México, que pertenece a las Apiaceae. (De la familia de las zanahorias, el apio y el hinojo, solo por mencionar algunas). Esta planta silvestre se da en casi todos los estados de México.

Los usos médicos de esta perenne planta, datan de la época prehispánica, ya que los curanderos indígenas la usaban para tratar el llamado *"mal de orín"* y *"sangre pesada"*.

Francisco Hernández, en el siglo XVI relata que *"la raíz triturada y tomada aumenta el calor insuficiente del estómago, mitiga los dolores del vientre y de los miembros, que provienen de causa fría; quita la flatulencia, alivia los cólicos, provoca la orina y las reglas; cura el empacho, estimula el apetito venéreo, fortalece y auxilia el estómago cuando se ha enfriado mucho y cura las mordeduras de serpientes venenosas; para todo lo cual, se dice que es más eficaz si se administra sin vino u otro licor caliente y tónico".* Y sigue...*"disuelve los tumores, adelgaza y hace desaparecer los humores acumulados en las articulaciones, curando cualquier destemplanza fría".*

Las sustancias activas de la hierba del sapo son:

Saponina. (Sapo en latín es jabón) Este es un glucósido, jabonoso propio de las plantas, su uso es como expectorante y depurativo de las vías urinarias y la sangre ya que baja el colesterol...Pero, también irrita las células bronquiales, gástricas y renales y por eso se aconseja no ingerir esta hierba por más de sesenta días continuos y menos sin supervisión médica profesional

Flavonoides. Son los metabólicos secundarios, que dan origen al color de las plantas; estos compuestos ayudan en el organismo a reducir los efectos de la oxidación celular. Además disminuyen los daños provocados por los rayos UV, protegen los vasos sanguíneos. Disminuyen el colesterol malo, inhiben el crecimiento de células cancerosas y algunos son desinflamatorios.

Hierro. Es el encargado de formar la hemoglobina. De la cual se componen los glóbulos rojos.

Esteroles. Los esteroles son variaciones de los esteroides, la forma más conocida es el colesterol, los esteroles en las plantas se llaman Fitoesteroles y sirven para evitar la absorción del colesterol por el aparato digestivo.

Triterpenos. Son los que le dan color a los frutos, flores, tallos y hojas de las plantas. Sirven para sintetizar en el organismo las vitaminas K, E y A.

Calcio. El calcio sirve para la formación de los huesos, la coagulación de la sangre, la contracción de los músculos, además de ayudar a la cicatrización.

Paracimeno. Es un anti-infeccioso.

BENEFICIOS DE LA YERBA DEL SAPO

☐ Esta planta baja los niveles de colesterol malo y triglicéridos en la sangre

☐ Ayuda a deshacer parcialmente los cálculos biliares, renales,

☐ Previene el dolor de cintura, la artritis,

☐ Previene los infartos

☐ Alivia los problemas urinarios.

☐ Sirve para bajar los niveles de creatinina, lípidos, triglicéridos y ácido úrico en las personas diabéticas, sin disminuir o alterar los niveles de glucosa en sangre.

☐ Ayuda a calmar diversos dolores musculares.

☐ Previene problemas cardiacos

La forma más común de utilizar esta planta es por medio de tés. Se dejan en infusión las hojas, y según la dolencia se regula la cantidad y los horarios de su consumo.

La raíz pulverizada también es utilizada como medicamento, ya sea en té o como comprimidos.

La popularidad de esta planta ha aumentado y con ello sus formas y presentaciones de venta. Se comercializa tanto, fresca y entera, como seca, en polvo, en jarabe, comprimidos, píldoras y tabletas.

Se le utiliza con frecuencia contra el mal de orín, ingiriendo la infusión hecha con toda la planta. Se toma como agua de uso.

Con frecuencia se usa contra la tos, para lo cual, se recomienda preparar un té que se toma tres veces al día.

También, se aconseja emplear el té de esta yerba contra la bilis, la diarrea, el dolor de estómago, las fiebres, los golpes, los padecimientos pulmonares y de vejiga, la tos ferina y cálculos biliares; además se puede aplicar con lienzos sobre las hinchazones producidas por golpes en el cuerpo, se usa en vaporizaciones durante varios días. Para la vaporización se frota el agua del cocimiento sobre la parte hinchada y se cubre con un trapo.

Otros usos que se le dan son: contra el dolor de espalda, la bronquitis, y la bronconeumonía

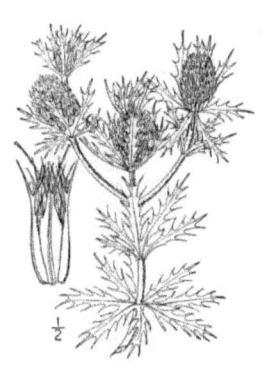

Precauciones.- Su uso puede resultar riesgoso para la salud a largo plazo, especialmente por el daño a las personas con Hipotensión arterial, (hipotensión es cuando la presión arterial está muy baja), también afecta los riñones, además de que puede producir gastritis debido a la saponina, la cual irrita tanto el tracto digestivo, como el respiratorio y el urinario.

HUIZACHE

El Huizache perte-
nece a la familia de las
Leguminosas (Legumi-
nosae); Su nombre en
náhuatl es *huitzizachi,*
literalmente significa
"huele a miel", (otros
dicen que significa *"muchas espinas")* y de ahí deriva su nombre en español. Es un arbusto ampliamente utilizado para diversos fines, destacando su
uso como medicinal, combustible, forrajero, colorante, condimento, y en la industria de la perfumería
en donde se utiliza el aroma que producen sus flores.

Como suele florecer dos veces al año también es
una buena opción para adorno, por la belleza y aroma de sus flores. Es capaz de adaptarse en diversos
climas y suelos. A escala mundial existen entre 800
y 1,200 especies de acacias, que llamamos huiza-
ches; 700 son endémicas de Australia. En Europa
no se daban, pero ya se han climatizado algunas especies. Hoy en día es cultivado en Argelia, en el sur
de Francia, en la India e Italia para aprovechar su
flor de aroma particular de la que se extrae una
esencia conocida con el nombre de *"cassié"* que se
usa para fabricar perfumes, aceites y pomadas. Ya

habrá notado que en internet se venden semillas de huizache.

En México, y en América en general, son muy conocidas tres especies: *1) Acacia farnesiana,* también llamada *'huizache hediondo'*, *'espinillo blanco'*, *'huechachin'*, *'aroma'*, *'cascalote'*, *'colita'*, *'corteza de curtidora'*, *'espina divina o sagrada'*, *'vinorama'*, es la especie más común. 2) *Acacia pennatula* , llamado *'huizache'*, *'tepame'*, *'huisle negro'*, *'quisache tepano'*, *'algarrobo'*, *'espino'*. 3) *Acacia schaffneri* *'huizache chino'* o *'huizachillo'*.

Aparece registrado en diversos códices prehispánicos en México, por lo que se considera nativo de América tropical; sin embargo, es muy utilizado tanto en el medio oriente como en África.

Además de ser apreciados como leña y forraje, estos arbustos leñosos tienen otros usos.

Su corteza (y vainas maduras) contienen tanino utilizándose en curtiduría y en fabricación de tinta, para pintar pieles sobre todo.

La goma que sale del tronco se usa como sustituto de la goma arábiga. El jugo de las vainas con leche y yema de huevo se usa para pegar porcelana. De sus flores se extraen aceites para la perfumería.

El Códice florentino, en el siglo XVI relata que se usó para las enfermedades de la cabeza. El huizache fue venerado por los pueblos de Aztlán, con él se identifica uno de los puntos cardinales, protector del universo prehispánico, representa el lugar ceremonial del "fuego nuevo", encarna a la madre diosa del sustento, Xochiquetzal, quien según la leyenda está encargada de amamantar a los bebés muertos en la cuna

Propiedades medicinales del Huizache.- Es muy usado en la medicina tradicional mexicana, y ya diversos estudios han comprobado su actividad contra diversas bacterias y parásitos que provocan diarrea. Es antiinflamatorio y cardiotónico.

Cada una de las partes de la planta se emplea para diferentes padecimientos.

El fruto se utiliza para curar fuegos en la boca, o curar las encías y afianzar la dentadura, también contra la disentería y como antiespasmódico, como astringente y contra la tuberculosis.

El exudado (líquido que emana de las plantas al romperse) se utiliza como antiséptico de los ojos y como remedio para hemorragias vaginales; Un té de flor de huizache se utiliza para la dispepsia y disentería. Remedio efectivo para problemas digestivos, genitourinarios, infecciones, heridas del sistema músculo–esquelético, envenenamientos y dolores.

De las flores se hace un ungüento que se usa como remedio para el dolor de cabeza. Con el fruto verde, que es muy astringente, se prepara un té para las inflamaciones de la piel y de las membranas mucosas (fuegos, hemorragias) y para calmar trastornos del sistema nervioso.

La Raíz (en cocimiento): disentería, tuberculosis y dolor de abdomen. Tallo: estado bilioso, evacuaciones amarillas, ictericia, dolor de muelas.

Las hojas secas y pulverizadas, se aplican co-mo vendaje en las heridas.

La Planta: astringente en medicina casera, fiebre tifoidea, hemorragias, problemas menstruales, artritis y dolores reumáticos, tónico digestivo, diarrea, irritación de mucosas, conjuntivitis y malaria.

La corteza, en cocimiento se usa para controlar la diarrea. Para curar granos: se usa en baños.

El compositor mexicano Luis Pérez Meza se preguntaba *¿Qué culpa tiene el huizache de haber nacido en el campo?..* Porque con sus propiedades puede ser planta de huerto o de cultivo.... y es que el humilde huizache es una planta importante.

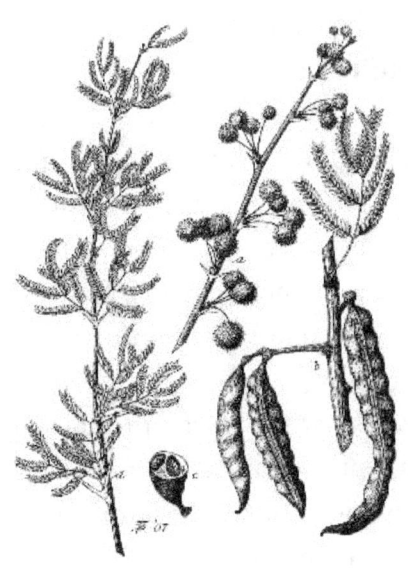

SALVIA

La salvia es un pequeño arbusto aromático que alcanza hasta los 50 cm de altura, es perenne. Tallo cuadrangular cubierto de fino vello. Hojas de forma oblonga, pecioladas, de color verde grisáceo.

Hay muchas variedades de esta planta, sobre todo de diferentes colores de flor, desde blanca hasta roja y morada, pero la división más antigua es de Salvia mayor y salvia menor, más por el tamaño de las hojas. La más común es la *Salvia officinalis,* su nombre científico, que se deriva de la palabra en latín *salvare*, que significa "salvar", en referencia a las propiedades curativas de la planta, que desde la antigüedad se celebra como hierba medicinal.

El nombre fue corrompido popularmente a **Sauja,** Salvia, en castellano; **Sauge** en francés, y **Sawge** en inglés antiguo, que se convirtió en el actual de **Sage.**

HISTORIA.- *La salvia se* ha utilizado desde tiempos antiguos, entre otras cosas, para alejar el mal, para tratar las mordeduras de serpientes, aumentar la fertilidad de la mujer..., y más.

Teofrasto escribió sobre dos salvias diferentes, una silvestre a la que llamó **sphakos,** y una planta similar cultivada a la que llamó *elelisphakos,* de ésta dice Plinio el Viejo que era llamada "Salvia" por los romanos, y se utiliza como un diurético, un anestésico local para la piel, un astringente, y para otros usos. Junto con Plinio, también Dioscórides y Galeno la recomiendan como diurética, hemostática, (cicatrizante) emenagoga (ayuda en la menstruación) y tónica. Decían que servía para curar más de sesenta diversas dolencias que van desde dolores hasta la epilepsia, así como para tratar principalmente resfríos, bronquitis, tuberculosis, hemorragias, etc.

Carlomagno (742-814) recomendó cultivar la planta. Y durante el Imperio Carolingio (siglos VIII y IX) se cultivaba en los jardines de monasterios. Por esos tiempos se le llamaban *Salvia salvatrix* Salvia salvadora, y fue uno de los ingredientes del vinagre de los Cuatro Ladrones para protegerse de la peste.

"El vinagre de los cuatros ladrones". Se cuenta que cuatro ladrones fueron detenidos en Tolouse mientras saqueaban las casas de los vecinos afectados por la peste. Se les condenó a muerte pero se les ofreció el indulto a cambio de explicar su secreto para sobrevivir entre la peste sin contagiarse.

Su secreto era macerar cuatro plantas: La salvia, el romero, el tomillo y la lavanda en vinagre y frotarse luego todo el cuerpo.

Esta historia viene a demostrar la propiedad principal de todas las Salvias: su valor vulnerario y bactericida.

La infusión básica de la salvia se hace dejando reposar en 1 taza de agua hirviendo 3 cucharaditas de hojas por unos diez minutos. Se puede beber tres veces al día ya sea tibia o caliente. Sirve para mejorar la digestión, disminuir los gases, tiene cualidades antisépticas y es utilizada para disminuir la sudoración nocturna durante fiebres y la menopausia. Ayuda a controlar alteraciones menstruales y a detener la producción de leche al final de la lactancia.

A nivel externo se dice que es astringente, por la presencia de taninos, siendo un buen antiséptico y cicatrizante.

El aceite esencial de la salvia es bueno para la cicatrización de llagas o úlceras.

Enjuagues bucales con té de Salvia ayudan a controlar la gingivitis o la faringitis.

Se asegura que reduce significativamente el nivel de azúcar en la sangre. Por eso se recomienda la misma tisana de salvia para las personas diabéticas o con agotamiento. 3 tazas al día.

Por sus propiedades estomacales la planta se ha usado como condimento. Se pueden emplear las hojas frescas de salvia: se pican y se añaden a caldos, guisos y platos con todo tipo de verduras. Se emplea principalmente para aromatizar platos de carnes y pescados grasosos.

Se usa para fumar en lugar de tabaco, pero hay quienes advierten del peligro de hacerlo, pues es un fuerte alucinógeno y se puede hasta llegar perder la razón al fumar salvia. No recomendable.

Con todo, en la Edad media la creían tan poderosa para curar enfermedades que La escuela de Salerno, la primera escuela médica de la Edad Media en Italia, exclamaba. *"cur moriatur homo cui salvia crescit in horto..* (¿Por qué ha de morir el hombre que cultive salvia en su huerto?) De manera que creían que era el mejor medicamento contra la muerte. También la usaban hacer horóscopos. Y duró mucho la creencia de que si se ponen hojas de salvia en un frasco de vidrio y se oculta debajo de un estercolero nacerá un animal, con cuya sangre se podía hacer perder el conocimiento hasta a los perros. Otros creían que en cada hoja de salvia hay un sapo muy pequeño.

Lo cierto es que la Salvia cura muchas enfermedades. Aprovéchela, pero úsela con precaución

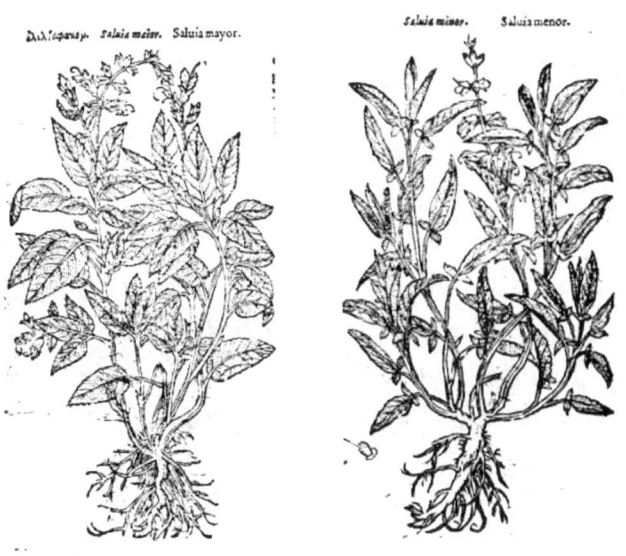

TILO - TILA

Muchos sólo conocemos el té de Tila, pero no sabemos que las flores que hacen el té provienen de un árbol, el Tilo que llega a medir de 15 a 40 m de altura (más de 100 pies), de tronco liso, de buen porte, con tupido follaje y puede vivir hasta 500 años y más.

Tiene hojas caducas grandes, de 8 a 14 cm. de largo, de figura de corazón, con los lados desiguales en la base y el ápice puntiagudo, de bordes.

Las flores, abundantes y muy aromáticas, forman agrupaciones de entre 5 y 10 unidas por un pedúnculo común que se inserta en las ramas acompañado de una bráctea u «hoja de protección», una especie de ensanchamiento del pedúnculo, en forma de lengua, que protege la inflorescencia y favorece la diseminación aérea del fruto al actuar como alas para volar. La flor produce néctar muy agradable al olfato y que atrae multitud de abejas.

El fruto del Tilo es velloso, ovoide, y muestra cinco costillas longitudinales resaltadas; es seco en la madurez, y no se abre jamás. También desprende un aroma muy agradable.

Origen del nombre del Tilo.- Los nombres científicos de algunas variedades son: *Tilia cordata Miller, Tila platyphyllos Scop., Tilia vulgaris.* La palabra Tilia puede venir de la palabra griega πτελέᾱ o Ptelea, que significa "olmo", O tal vez de τιλίαι, *tiliai*, que significa "álamo negro".

Otros dicen que el nombre tiene origen en una palabra indoeuropea: ***ptel-EIA*** que significa "amplio", tal vez refiriéndose a "de hoja ancha" o similar.

Historia.- En Europa, hay árboles de Tilo que se sabe que tienen siglos de edad. Se sabe uno de la especie *Tilia cordata* que tiene 2,000 años de antigüedad. Pero los tilos más famosos del mundo son los que adornan, formados en cuatro líneas, la avenida denominada *Unter den Linden*, la cual, partiendo de la Puerta de Brandeburgo, se ientra un kilómetro en lo que fue el Berlín Oriental.

Tilo medicinal.- Los principios activos del Tilo se encuentran principalmente en las flores, por lo que se deberían utilizar sin la bráctea (esa "hojita en forma de lengua que protege la inflorescencia), aunque casi siempre se usan juntas. Los herbolarios las venden juntas, flores y brác-teas, para garantizar que se trata, realmente, de flor de tilo; aunque también es cierto que las brácteas, aunque menos que las flores, también contienen principios activos.

Uso interno: Calmante, relajante, emoliente, sedante y para tratar el reumatismo y también es sudorífico, antiespasmódico y atenúa la acidez del estómago.

Las flores de tilo se han utilizado medicinalmente desde hace siglos para curar resfríos, tos, fiebre, infecciones, inflamación, presión arterial alta, como diurético (aumenta la producción de orina) y antiespasmódico (reduce el espasmo, calambres, del músculo liso del tubo digestivo).

Una de las propiedades medicinales más importantes es su facultad de calmar la excitación nerviosa. Se usa para curar la ansiedad, la inquietud, la histeria, la depresión y los dolores de cabeza (especialmente la migraña).

Las flores se utilizan principalmente en té, pero también son benéficas en baños, sobre todo para calmar la histeria.

Hoy se habla de que el té de flores de tilo protege el hígado.

El té de flor de tilo, que casi todos conocemos nomás como "Tila", aminora considerablemente la acidez del estómago; por eso se recomienda tomarlo al final de las comidas en los casos de hiperacidez gástrica.

Otros usos populares.- La madera del tilo es usada en ebanistería y esculturas. Es de grano fino y no se apolilla, casi como la madera del mez-quite, pero más suave.

La flor se utiliza también para hacer perfumes.

Los brotes de las hojas y las hojas jóvenes se pueden comer crudos solos o en ensaladas.

Para pies adoloridos: cocer hojas de tilo y darse un baño de pies. Alivia rápidamente el cansancio.

Resfriados, catarros, gripe: una infusión de hojas de tilo, 10 gramos por litro de agua hirviendo, ocasiona sudor. Para mayor efectividad, se pueden usar partes iguales con borraja y eucalipto.

En casos de asma se recomienda realizar la infusión de toronjil, manzanilla y tilo a partes iguales a razón de una cucharada por taza. Esta bebida deberá ser tomada tres veces al día.

Cólicos, desordenes de la Menstruación: Tomar infusiones de tilo varias veces al día.

Reumatismo: Tomar infusiones de tilo varias veces al día.

Los cataplasmas hechos con las hojas y flores trituradas del Tilo y aplicados sobre las zonas afectadas suelen también ser de gran ayuda.

Tila o Tilo es bueno...

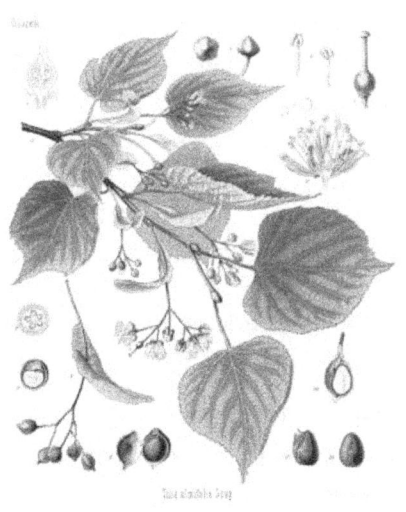

MOSTAZA

La mostaza es uno de los condimentos más antiguos que ha usado la humanidad, pero los granos de mostaza que los romanos molían para luego macerarlos en vino durante unos días, de forma que el aceite de mostaza les sirviera de aderezo, y que los antiguos usaban para sazonar comidas y acentuar su sabor, primero fueron usados en la antigua China, en Asia Menor y Grecia como remedio medicinal.

Hoy en día es más usada como condimento. En Francia es famosa la mostaza de la región de Dijon, uno de los aderezos más populares del país, para ensaladas, pastas, sándwiches, etc.

La planta de mostaza pertenece a la familia de las crucíferas, nombre que se le da por la disposición de los cuatro pétalos de su flor en forma de cruz.

Hay muchas variedades de mostaza y subtipos, la mayoría provenientes de tres variedades típicas: *la mostaza negra, la parda y la blanca*. El mayor productor de mostaza es Canadá, pero también se cultiva con gran éxito en India y en China

La planta de Mostaza alcanza hasta 1 metro de altura, es bianual o anual y posee un tallo compacto.

Su fruto es una funda-vaina redondeada, con hasta 7 semillas en su interior, las cuales miden entre 0.2 a 1 mm, y que son de colores beige, marrón o amarillo.

Aunque muy usada hoy en la cocina, primero fue medicinal.

Beneficios de la Mostaza.- Ayuda ***en casos de:*** *Artritis. Reumas. Neuralgia. Dolores de espalda. Afecciones de los bronquios.*

Las semillas de la mostaza son: Antisépticas y desinfectantes. Digestivas. Son buenas diuréticas. Estimulantes. Contienen calcio, magnesio, fósforo y vitaminas A, E y C. ***Facilitan la digestión***. Estimulan el funcionamiento del páncreas y las glándulas suprarrenales. Potentes activadoras de la circulación sanguínea. Estimulan la epidermis y son buenas para descongestionar.

También sirven para dar un descanso relajante a los pies. Para esto, basta echar semillas de mostaza a una tina con agua caliente, sumergir los pies y notar los efectos inmediatamente.

De la mostaza se usan:

Las semillas o granos para aderezar y para tratar afecciones por sus propiedades medicinales.

Las hojas de la mostaza se usan en algunos lados para preparar ensaladas.

Modos de uso. Se puede preparar un té hirviendo una taza de agua con media cucharadita de granos de mostaza. Beber una tacita al día en las comidas.

Es necesario consumir mostaza lo más fresca posible pues se arrancia y pierde sus propiedades con un almacenamiento prolongado.

Algunos remedios.-Mezclar polvo de mostaza con agua a no más de 40 centígrados untar la región dolorida con aceite y aplicar la mezcla durante algunos minutos. No prolongar demasiado la aplicación porque puede quemar la piel.

Las semillas de mostaza blanca son buenas para el estreñimiento puedes tomar una o dos cucharadas de semillas por unos días y luego descansar.

Bronquitis: Hacer un cataplasma, mezclando 100 gramos de semilla de mostaza recién pulverizadas con agua caliente para formar una pasta espesa, que se pone en un trozo de tela. Luego, colocar una gasa mojada en la piel primero para evitar que la pasta se pegue a la piel y aplicar el cataplasma y después de un minuto quitarlo.

Dolor Muscular y dolor de huesos: Se aplica polvo de mostaza externamente, provocando una leve irritación en la piel, lo cual estimula la circulación y alivia el dolor.

Fiebre, Gripe, Resfriado: Té de mostaza, o moler la mostaza y espolvoreada en el baño.

Varices: Echar una cucharita en un litro de agua, hervir y hacer baños de pies

Como laxante: Tomar una cucharada de semilla de mostaza funciona como un excelente laxante.

Precauciones: Es muy importante que busques mostaza natural, la puedes comprar en grano, polvo, aceite o ya preparada.

De ser sintética o artificial, adicionada con químicos, puede ser muy dañina para la salud. Cuando la mostaza es completamente natural, no tiene contraindicaciones ni efectos nocivos, solo si se usa exageradamente. Y es que de ningún modo se debe abusar de ella pues podría irritar la nariz o el paladar, así como deteriorar la mucosa gástrica en el estómago, en especial cuando es artificial.

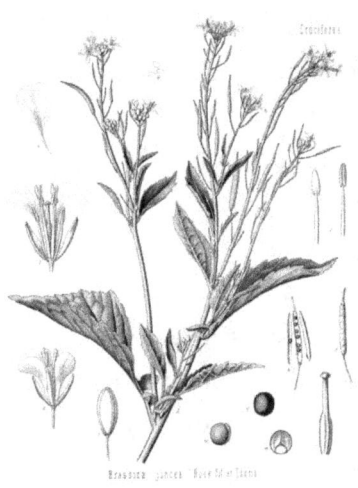

UVA

Una maravillosa cápsula natural que contiene el remedio para muchas enfermedades

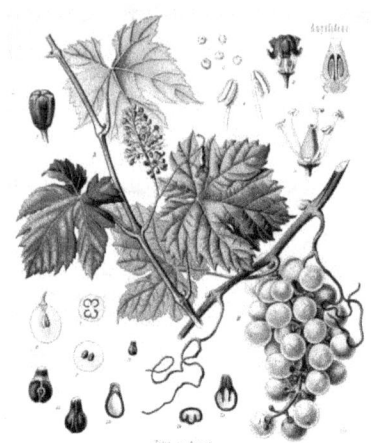

La Uva es el fruto de la vid. La vid, es una planta también conocida con el nombre de *parra, parrón o videira,* cultivada a todos los climas templados del mundo. Las uvas son muy valoradas en todo el mundo, por el vino y otras bebidas que de ellas se obtienen.

El nombre científico de la vid es *Vitis vinífera* y pertenece a la familia de las *Vitaceae.* Es una planta trepadora con tallos leñosos, tiene un tronco retorcido, brotes rugosos y flexibles, y unas hojas de un verde muy oscuro y de gran tamaño, con un aspecto serrado y con numerosas puntas. Sus flores crecen en racimos y son de un color verdoso, y al conjunto de las vides o a los cultivos de las mismas se les denomina viñedo. La vid puede alcanzar hasta 30 m, pero generalmente se la corta para que permanezca como un arbusto y facilitar el cultivo de la misma. La viticultura ya se practicaba en Europa desde la prehistoria.

La uva es un fruto de pequeño tamaño, con una piel muy suave y de diversos colores según la variedad, generalmente verde o violeta profundo. Tiene un sabor ligeramente ácido e intenso y tiene usos muy diversos, entre los que destaca la fabricación del vino. Se usa también para preparar jaleas, jugos, postres, y de algunas variedades sin semilla se obtienen uvas pasas.

Las facultades medicinales de la uva y sus derivados son ampliamente conocidos, debido a su gran contenido de vitaminas. He aquí algunos...

Beneficios de la Uva.- *Artritis, enfermedades de la piel y del estómago*: Se recomienda su consumo frecuente crudas o en jugo. Hay quienes recomiendan, para casos graves, **la cura de uvas**, que consiste en empezar por comer 1/2 libra de uvas en ayunas, dosis que se va aumentando gradualmente hasta llegar a comer 2 libras diarias o más. El tratamiento debe hacerse durante algunos meses, parece mucho tiempo, pero esta curación es muy benéfica para el organismo.

Estrés: Las uvas son recomendables para las personas que trabajan intensamente. Estas personas pueden tomar hasta 1/2 litro de vino diario. Las personas que sufran enfermedades de los riñones o del hígado no deben tomar vino. El vino también puede crear la adicción patológica conocida como alcoholismo.

LAS UVAS - Son buenas para fortalecer a personas débiles, raquíticas o convalecientes. Para reducir inflamaciones, problemas del tubo digestivo, hígado y bazo. Son buenas para tratar cálculos hepáticos, digestiones difíciles, hemorroides, cólicos, diarreas, estreñimiento, escorbuto, bronquitis, conjuntivitis, gota, artritis, reuma, enfermedades de las vías respiratorias y sistema circulatorio como várices, flebitis.

Ayudan a purificar el organismo. Son excelentes antioxidantes y purifican la sangre. Son excelente fuente natural de energía, buenas hasta para deportistas, estudiantes y personas con una gran exigencia física. Buenas para los que tienen niveles bajos de azúcar en la sangre. La uva roja ayuda a la circulación cerebral, mejorando los síntomas de cualquier enfermedad relacionada con la circulación. Detienen la pérdida de visión en los ojos, cuando ésta es causa de una mala circulación. Ayudan a reducir el colesterol en la sangre. Por ser antioxidantes, su consumo de manera regular, podría ayudar a prevenir la aparición de enfermedades degenerativas, como el cáncer, las cataratas y los síntomas del envejecimiento, desde la piel hasta le cerebro.

SEMILLAS.- El extracto de las semillas de la uva es eficaz para prevenir el cáncer.

Hay muchas formas de consumir las uvas ya sea frescas, en vino o jugos. Aproveche esta maravillosa frutita que ha sido utilizada por la humanidad desde hace miles de años.

HOJAS.- Con las hojas se puede preparar un té del que se puede tomar hasta 3 tazas al día después de cada comida. Este té se puede usar como colirio para baños o lavados de los ojos.

ACEITE.- El aceite de las semillas de las uvas, aparte de usarse para cocinar, se puede tomar solo, varias cucharas soperas al día le harán bien a su organismo.

La opción más fácil y sencilla es comer varias uvas al día para prevenir o tratar afecciones, ya que su consumo no tiene contraindicaciones.

La uva tiene también propiedades cosméticas, principalmente hidratantes. Se pueden utilizar para confeccionar una máscara facial, la cual resulta excelente para hidratar la piel y disminuir las arrugas del rostro

Ἄμπελ Ὀ οἰνοφόρ Ὀ. *Vitis vinifera.* Vid.

JUGO DE UVA.- Es depurador de la sangre, riñones e hígado. Jugo de uva verde con agua y endulzado con miel es recomendado también para las enfermedades de las vías urinarias.

¡Coma uvas! ¡Son sabrosas y benéficas"

UÑA DE GATO

La uña de gato, llamada en latín *Uncaria tomentosa*, es una planta trepadora tropical de tronco leñoso y delgado que puede alcanzar los 15 metros de altura. Sus tallos están provistos de espinas curvadas en forma de uñas, que la planta utiliza para sujetarse a los árboles, por esas espinas le viene el nombre. Crece de forma silvestre principalmente en países de Centroamérica y en diferentes países es conocida como *Coma de uña, buen amigo, huele de noche, uña del diablo, espino negro o zarza espinosa, samento, rangaya, garabato, bejucote, cat´s claw en inglés.*

Propiedades de la Uña de gato.- Tradicionalmente esta planta se utilizaba por tribus peruanas para curar tumores, dolores articulares, enfermedades respiratorias, enfermedades degenerativas e infecciosas. Hoy en día se vende la corteza de esta planta en los mercados tradicionales de muchos países sudamericanos.

Con fines medicinales se utilizan principalmente su raíz y la corteza para preparar un té me-dicinal.

Además de ser un gran estimulante del sistema inmunitario, posee propiedades antiinflamatorias, antioxidantes, depurativas, anticoagulantes, antiespasmódicas y diuréticas suaves, entre otras.

Por ser estimulante del sistema inmunológico en general, y especialmente en la lucha contra enfermedades de virus, desde gripe hasta herpes, se han hecho estudios para usarla para ayudar en el tratamiento de los enfermos de VIH.

Internamente, el uso de esta planta previene el desarrollo de tumores cancerosos, porque aumenta la capacidad de los glóbulos rojos para eliminar bacterias, virus o sustancias que podrían favorecer la aparición de cánceres. Se utiliza en el tratamiento de tumores, y en el caso de estar recibiendo radioterapia o quimioterapia, para au-mentar las defensas y evitar la aparición de otras enfermedades. Se utiliza para luchar contra virus, como los que provocan el herpes (herpes genital y herpes zoster), gonorrea, enfermedades infecciosas del aparato urinario (prostatitis y cistitis) y del aparato respiratorio (asma, sinusitis, tos y alergias).

Es muy útil para el tratamiento de enfermedades dolorosas, como la artritis, la artrosis o la gota.

También se utiliza en caso de que exista una mala circulación de la sangre y para problemas del aparato circulatorio, como ateroesclerosis, trombosis y anginas de pecho, ya que disminuye la agregación de plaquetas.

Externamente se utiliza en el tratamiento de enfermedades de carácter inflamatorio, como la artritis o la artrosis.

Otros usos de La Uña de gato.

Enfermedades urinarias: El té de hojas sirve para controlar infecciones urinarias o la cistitis, y también como regulador de la bilis.

Contra el reumatismo: En algunos países se usa el cocimiento de las raíces como complemento en tratamientos para casos de reumatismo.

Problemas relacionados con la edad.- Es bue-na la Uña de gato para controlar la hipertensión arterial, la mala circulación y los altos niveles de colesterol.

RESUMIENDO.- Ayuda a prevenir la proliferación de células cancerosas • *Ayuda a mejorar los casos de prostatitis* • Estimula la curación y cicatrización de heridas • *Mejora los casos de asma y bronquitis* • Combate el herpes (genital y el zoster) • *Regula el ciclo menstrual* • Estimula el funcionamiento del sistema inmunológico • *Combate los radicales libres* • Es muy eficaz para los casos de debilidad general • *Reduce los dolores articulares y musculares* • Mejora las enfermedades inflamatorias como la artritis, bursitis, reuma, etc. • *Ayuda a depurar los riñones* • Es anticoagulante de la sangre • *Previene enfermedades cardiacas* • Ayuda a regular los desequilibrios hormonales • *Favorece el buen funcionamiento del tracto digestivo* • Acelera la recuperación en casos de resfriado, otitis, conjuntivitis y sinusitis. • *Combate los hongos* • Alivia dolencias de colitis, gastritis, úlceras estomacales, enfermedad de Crohn o alteraciones de la flora intestinal. • *Te ayuda a eliminar toxinas del organismo...*

¡*Es buena la Uña de Gato!* Aprovecha sus beneficios, sólo tienes que ser constante en su uso.

Efectos Secundarios de la Uña de gato.- Por su contenido en taninos, el uso de esta planta fresca puede provocar irritación intestinal o diarreas en personas sensibles, aunque un uso continuado de esta planta puede regularizar las deposiciones.

Esta planta no debe ser utilizada por mujeres embarazadas, ya que provoca contracciones uterinas y podría provocar abortos. Tampoco está aconsejado su uso en lactantes.

No debe utilizarse esta planta por pacientes que han recibido trasplantes de órganos o injertos de piel, para evitar rechazos.

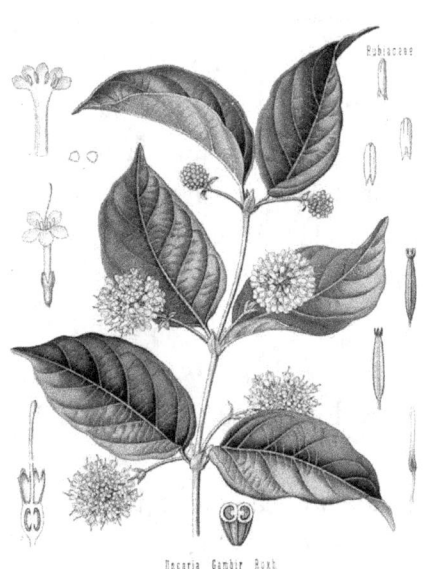

Uncaria Gambir Roxt.

OKRA

La okra *(Abelmoschus esculentus)* es una planta de la familia de las malvas.

En distintos países recibe distintos nombres: *ocra, gombo, molondrón, quimbombó, bamia o quingombó.* En la tienda la puede encontrar con el nombre común de Okra, pero algunos le dicen *"ladie's fingers"*

La okra es conocida por sus frutos comestibles de semillas verdes. Ha sido cultivada desde hace siglos. Hay quien diga que es de origen oriental, pero gana la creencia que es nativa de África. Fue un alimento muy popular en Egipto en los tiempos de Cleopatra. Más tarde se extendió por el resto del mundo y hoy en una hortaliza popular.

Valor nutricional de la okra: En primer lugar, es muy baja en calorías (30 calorías por 100 g). La okra no contiene ningún tipo de grasas saturadas y colesterol. Es una buena fuente de fibra dietética. Tiene minerales como el potasio, zinc, calcio, hierro y magnesio. También contiene proteínas, vitamina A, vitamina C, vitamina K, vitamina B9 y vitamina B6. Según los expertos, la okra es un alimento muy bueno para las mujeres embarazadas ya que previene defectos de nacimiento.

Beneficios de la Okra para la salud:

•... Se cree que la okra es buena para prevenir la diabetes y ayuda a estabilizar los niveles de azúcar en la sangre.

•... La okra es útil en la reducción de los niveles de colesterol. También reduce los niveles de triglicéridos.

•... La vitamina C que contiene protege del daño oxidativo de las células, con lo que previene el daño de los vasos sanguíneos y la acumulación de placa.

•... Regula el sistema digestivo y ayuda a eliminar toxinas. Puede prevenir la úlcera de estómago también. La fibra insoluble es buena para el tracto intestinal, por lo que es útil para prevenir el cáncer de colon. Ayuda en el tratamiento del intestino permeable.

•... Por su contenido de pectina, fibra y agua, la okra es buena para prevenir el estreñimiento.

•.... Las propiedades antioxidantes de la okra lo convierten en un alimento muy bueno para la salud de la vista. Por ser rica en luteína, ayuda para proteger a los problemas oculares y enfermedades como cataratas, degeneración macular y la degeneración macular asociada a la edad.

•... La okra ayuda a tratar la inflamación del pulmón y el cáncer, también ayuda a tratar los cánceres de la boca y ayuda curar el dolor de garganta.

•.... Se recomienda la okra durante el período previo a la concepción. El contenido de folato en ayuda prevenir defectos congénitos.

•... Se dice que la okra es un buen alimento para el cerebro. Esto ayuda a salir de la debilidad, depresión y agotamiento mental.

• Las semillas de okra contienen ácido oleico (el mismo ácido graso que se encuentra en el aceite de oliva y de canola), que es excelente para reducir los niveles de presión arterial.

•... Ayuda a aliviar dolores en las articulaciones. Un alimento bueno para los que padecen la artritis reumatoide, lupus y fibromialgia.

•... La vitamina C ayuda a fomentar la inmunidad y previene de resfriado, gripe e infecciones.

•... Alto contenido en fibra se mantiene completo por un tiempo más largo. El bajo índice glucémico de la okra también ayuda en la pérdida de peso.

•... Antioxidantes y propiedades antiinflamato-rias de la okra hace un buen alimento para prevenir el riesgo de desarrollar asma.

•... Es una verdura buena para la difusión de las bacterias buenas o probióticos.

•... Por su contenido de vitamina y propiedades anti-inflamatorias y antioxidantes, la okra ayuda en enfermedades de la piel como manchas espinillas.

•... El consumo regular de okra proporciona protección contra las grasas trans.

•... La okra contiene altos niveles de vitamina K que ayuda en la coagulación sanguínea, protege el corazón de la enfermedad coronaria, el accidente cerebrovascular y la diabetes tipo 2. La vitamina K de la okra es muy buena para la estructura del hueso también.

Por todas estas propiedades de esta planta le conviene consumirla regularmente, porque con una sola vez que la coma no ganará mucho... Pruébela, *¡Es buena! ¡Y saludable!!!*

DEL TOMO II